세계를 장악한
현대자동차의
품질경영을
배우다

세계를 장악한 현대자동차의 품질 경영을 배우다

2018년 11월 12일 초판 1쇄 인쇄
2018년 11월 19일 초판 1쇄 발행

지은이	박상복
펴낸이	정상석
책임편집	엄진영
기획	출판기획전문 (주)엔터스코리아
마케팅	이병진
본문편집	양은정
표지디자인	양은정
펴낸 곳	터닝포인트(www.diytp.com)
등록번호	제2005-000285호

주소	(03991) 서울시 마포구 동교로27길 53 지남빌딩 308호
대표 전화	(02)332-7646
팩스	(02)3142-7646
ISBN	979-11-6134-032-6 (03300)
정가	15,000원

내용 및 집필 문의 diamat@naver.com
터닝포인트는 삶에 긍정적 변화를 가져오는 좋은 원고를 환영합니다.

이 도서의 국립중앙도서관 출판예정도서목록(CIP)은 서지정보유통지원시스템
홈페이지(http://seji.nl.go.kr)와 국가자료공동목록시스템(http://www.nl.go.kr/
kolisnet)에서 이용하실 수 있습니다. (CIP제어번호: CIP2018033587)

타협은 없다
오직 품질이다

세계를 장악한
현대자동차의
품질 경영을
배우다

박상복 지음

터닝
포인트

Contents

—

현대자동차, 새로운 프레임이 필요하다

5월 하노이의 공항은 한국보다 훨씬 더웠다. 전날 많은 비가 내린 덕분에 더위가 조금 수그러든 것이라곤 하지만 후끈한 열기는 그곳이 동남아시아임을 실감하게 해주었다.

하노이에서 고속도로를 타고 남쪽으로 2시간 남짓 달려 도착한 곳에는 현대자동차와 베트남 현지 회사가 합작한 CKD(Complete Knock Down, 반제품을 수입하여 현지에서 조립하는 형태) 공장이 자리하고 있었다.

공장 안의 광경은 마치 50년 전 현대자동차가 포드자동차의 반제품을 수입하여 조립 후 판매하던 때를 보는 듯했다. 차체공장은 수동용접기를 이용하여 작업 중이었으며, 컨베이어 흐름의 자동방식이 아닌 사람이 직접 차가 놓인 대차를 밀어 다음 공정으로 보내고 있었다. 현지 매니저는 차체 부품의 플로어, 사이드, 루프를 한 번에 조립하는 메인벅 공정이 자동화 되었다며 무척이나 자랑스러워했다.

짐작컨대 현대자동차의 시작은 이보다 훨씬 더 열악했으리라. 국가기반시설조차 제대로 갖춰지지 않았을 때이니 오죽했을까. 그럼에도 현대자동차는 50년의 세월이 지나는 동안 세계 5위의 판매량을 유지하는, 대한민국 대표 제조기업이자 수출 회사로 성장했다. 하면 된다는 뚝심을 바탕으로 품질확보에 전력을 다했던 선배들의 숱한 땀방울이 이뤄낸 자랑스러운 결과였다.

2017년, 현대·기아차는 글로벌 시장에서 총 725만 대를 판매하며 5년 만에 가장 낮은 판매 실적을 기록했다. 현대자동차는 생산대수와 판매대수가 동일할 정도로 재고 없이, 생산 즉시 판매로 이어지는 구조를 유지해 왔다. 하지만 현재 핵심시장인 중국, 미국 권역에서의 판매 감소로 인해 생산능력이 남아도는 위기에 직면해 있다.

불황이 원인일 수도, 현대자동차의 품질이 미흡할 수도, 브랜드 인지도가 낮아서일 수도 있다. 원인이 무엇이든 위기의 극복과 재도약을 위해서는 지금까지와는 다른, 새로운 방식으로의 전환이 필수적이다. 즉 과거와 다른 새로운 프레임을 만들어야 한다.

과거 현대차는 굵직한 위기의 순간마다 프레임을 전환함으로써 성장과 성공으로의 길을 걸어왔다. 1998년 정몽구 회장은 품질경영을 선포함으로써 기존의 생산자 중심의 프레임을 고객 중심으로 전환했다. 또한 세계 최대 자동차 시장인 미국에서 '10년간 10만 마일 무상 수리 보증'을 내걸었다. 품질 확보에 대한 강한 자신감과 미국시장 장악에 대한 확고한 의지의 표현이었다.

이후 현대자동차는 2010년부터 제조, 성능, 편의 등 자동차 고유의 기술품질을 기본으로 확보하고, 언론의 호평, 대외기관의 품질수상, SNS 상의 우호적인 소비자 반응을 위한 인지품질의 확보에도 최선을 다했다. 이러한 기술품질과 인지품질 확보를 위한 노력을 통해

'가격은 싸지만 품질이 좋지 않다'는 과거 불명예의 프레임을 '최고의 품질을 갖춘 차'라는 프레임으로 새로이 정립해 나갔다.

현대자동차 프레임의 전환을 이끌고 품질의 영역을 경영 전반으로 확장시켜 회사의 지속적인 성장을 도운 인물이 있다. 그가 바로 신종운 전 부회장이다. 신 부회장은 정몽구 회장의 품질경영에 대한 강력한 스폰서십을 바탕으로, HIVIS와 같은 각종 진단장비와 툴, 시스템과 프로세스를 개발해 무결점 자동차를 목표로 한 기술품질의 혁신을 주도했다.

또한 그는 품질의 영역을 더욱 확대해 소비자의 감성까지 만족시켜주는 '감성품질'의 혁신도 꾀했다. 이전까지 '품질'은 연구소에서 제시한 규격에 맞는지 틀린지를 판단하는, 즉 '불량이다, 아니다.'를 가려내는 검수의 개념이 컸다. 하지만 신 부회장이 품질을 담당한 이후로는 '품질'의 영역이 새롭게 정의됐다. 기존의 기술품질에 고객의 불만사항, 시장에서 문제라고 정의한 부분까지 모두 관리하는 '감성품질'을 새롭게 도입한 것이다.

뿐만 아니다. 기술품질과 감성품질의 확보를 통해 얻은 글로벌 시장에서의 자랑스러운 결과물들로 신 부회장은 자동차평가전문기관이나 언론사 등 글로벌 품질외교를 강화하는 퀄리티 마케팅을 펼쳤다. 이런 노력들 덕분에 현대자동차에 대한 시장의 인식 또한 새롭게 바뀌게 됐다.

품질에 대한 인식의 변화는 물론이고 구체적인 방향 제시와 카리스마 있는 리더십으로 현대자동차의 품질혁신을 주도한 신 부회장은, 이 모든 것을 가능하게 한 것은 다름 아닌 '사람'이라고 말한다. 그는 '좋은 품질의 제품을 만들려면 먼저 좋은 사람을 만들어야 한다.'는 신념으로, 정몽구 회장이 선언한 품질경영의 목표를 구체화시키고, 이를 새로운 프레임으로 전환해 실천으로 이끌고 성과까지 창출해냈다.

회사가 어려울수록 원가절감 유혹에 빠져들기 쉽다. 가격경쟁력 확보를 위한 어쩔 수 없는 선택이지만 이와 같은 시점일수록 품질이 저하되지 않는 방법을 찾아야 한다. 이를 위해 신종운 부회장의 업무 접근 방식을 다시 한 번 되새김으로써 현대자동차다운 성공스토리를 만들어 가야 한다.

미래의 자동차트렌드는 분명 자율주행, 고성능차, 카세어링, 모빌리티, 전동화, 고급차의 방향이다. 단 한 번도 가보지 못한 길이며, 동시에 선구자가 없어 따라갈 수 없는 길에서 '사람 중심의 품질경영 프레임'을 새로이 만들 시점이다. 이를 위해 '모든 품질은 사람의 철학과 마인드에서 시작 된다.'는 신종운 전 부회장의 품질 DNA를 새겨볼 필요가 있다.

새로운 시장의 주인이 되기 위해선 다시 시장과 고객이 원하는 품질 좋은 차를 만들어야 한다. 품질 좋은 차는 고객에게 사랑을 받는, 잘 팔리는 차이다. 이를 위해 현대자동차 품질경영의 철학을 이해하고 업무에 적용함으로써 미래 시장의 자동차 트렌드를 주도해야 한다.

'신종운의 선물'을 기억하고, 황무지와도 같던 그 길에서 글로벌 탑으로까지 전진했던 선배의 걸음을 다시 한 번 되새겨 보는 것은 남아있는 후배의 몫이다. 씨앗이 된 선배의 걸음에 후배의 더한 열정이 보태져 풍성한 열매를 맺기를 바라는 마음으로 이 글을 엮었다.

책의 집필을 위해 바쁘신 와중에서도 지속적인 만남을 이끌어 주신 신종운 부회장님께 다시 한 번 감사드립니다.

품질의
첫 단추부터
다시 점검하다

**PART
01**

한국의 자부심이
세계의 조롱거리가 되다

"설령 실패한다고 해도 두렵지 않습니다. 이 또한 한국 자동차 산업의 거름이 될 테니 우리는 그것으로 충분합니다."

1977년, 주한 미국 대사인 리처드 스나이더에게 정주영 회장이 한 말이다. 당시 스나이더 대사는 정주영 회장을 찾아와 염려인지 엄포인지 모를 말들로 자동차 독자개발의 포기를 종용했다. 하지만 정주영 회장은 "이것은 나의 사명이다!"라는 말로 쐐기를 박으며 현대의 자동차 사업에 대한 분명한 의지를 표현했다.

사실 스나이더 대사의 제안은 꽤나 매력적이었다. 그는 "현대자동차가 독자개발을 포기한다면 포드, GM, 크라이슬러 등 세계 최고 자동차 회사의 조립 생산을 할 수 있도록 미국정부가 적극 지원하겠다."고 했다. 물론 "이 제안을 거절한다면 현대는 미국은 물론 다른 해외 지역에서도 고전하게 될지 모른다."는 염려의 말도 덧붙였다. 세계 시장을 향한 현대차의 거침없는 질주를 예견했기에 어떻게든 발목을 잡아보려 한 것이다.

조랑말의 출격

—

1967년 설립한 현대자동차는 미국의 '빅3' 자동차 제조회사 중 하나인 포드자동차와 기술계약을 맺고 포드의 모델을 조립 생산하며 자동차제조와 관련된 노하우들을 익혀나갔다.

이후 경영적인 측면에서 의견이 충돌하자 포드와 결별하고, 1973년 일본 미쓰비시자동차 공업과 엔진 및 트랜스미션 부문의 기술제휴를 맺어 한국 최초의 독자 모델인 포니를 개발하게 된다. 비록 제품 디자인이나 주요 기술력은 외국에 의존한 상태였지만 메이커 자체의 고유 모델을 개발하고 생산한 것은 세계에서 열여섯 번째, 아시아에서는 일본에 이어 두 번째였으니 그것으로도 충분히 주목받을 만했다.

포니는 1974년 10월, 이탈리아 토리노 모터쇼에서 그 모습을 처음으로 드러냈는데, 세련된 디자인과 우수한 기술력을 인정받아 전 세계 자동차 전문지들의 플래시 세례를 받았다. 이어 1976년부터는 국내 판매에 들어갔고, 첫 해에 1만 대가 넘게 판매되며 40% 이상의 시장점유율을 보였다.

국내 시장에서의 호응에 자신감을 얻은 포니는 같은 해 에콰도르에 5대를 판매하는 것을 시작으로 아프리카, 중동 등 해외로 시장을 넓혀나갔다. 물론 당시 현대차의 해외 시장 판매량은 미국이라는 거대 국가가 신경을 쓰기에는 너무나 미미했다. 그럼에도 미국이 주목한 것은 현대차의 빠른 성장속도였다. 현대차가 단기간 내에 이뤄낸 성과가 어쩌면 훗날 미국 자동차 메이커들의 등짝을 후려칠지도 모른다는 두려움에 대사까지 보내 어떻게든 제동을 걸어보려 한 것이다.

포니에 이어 현대차는 1982년 '포니2'를 출시하고, 다음해부터 캐나다에 현지법인(HACI : Hyundai Auto Canada Inc.)을 설립해 본격적인 판매에 들어간다. 이어 1985년에는 '포니2'가 캐나다 자동차 시장의 7%를 점유하며 캐나다 수출기업 가운데 1위를 차지하는 승전보까지 전해줬다.

한편, 현대차는 1985년에 세계 최대 자동차 시장인 미국에 현지법인(HMA : Hyundai Motor America)을 설립함으로써 유명 메이커들과 본격적인 경쟁에 들어간다. 당시 현대차는 '살만한 가치가 있는 좋은 차'라는 슬로건을 내걸며 미국 3대 방송국에 텔레비전 광고까지 내보냈다. 이는 전쟁으로 폐허가 됐던 한국만을 기억하는 미국인들에겐 입이 떡 벌어지는 이변이었고, 우리 교민들에겐 가슴 뭉클한 감동이 아닐 수 없었다.

'미국시장을 뚫으면 세계시장을 뚫는다.'라는 말이 있을 정도로 미국의 자동차 시장은 자동차 메이커들의 최대 접전지이다. 때문에 현대는 자동차 사업을 시작하며 미국시장의 진출을 이미 계획하고 있었고, 그곳에서의 필승을 다짐했다.

1980년대 중반부터 미국의 소형차 시장은 일본 메이커들이 빠른 속도로 장악하기 시작했다. 이에 위기감을 느낀 미국 정부는 일본 자동차 메이커들의 수입에 이런저런 규제를 하기 시작했다. 이런 위기의 틈을 이용해 현대차는 소형차로 미국시장을 뒤흔들 야심찬 계획을 세운다.

독자 모델을 개발한지 10년이 되던 1985년, 현대차는 '3세대 포니'

로 불리는 포니엑셀(수출명 엑셀)을 개발해 아시아 국가로서는 일본에 이어 두 번째로 미국시장에 진출한다.

독자 모델을 생산한 지 10년 밖에 안 된 회사이지만 이미 캐나다 등 세계 시장에서 디자인과 성능에 대한 검증을 마친 뒤라 미국 소비자들의 엑셀에 대한 관심이 꽤 컸다. 특히 저렴한 비용으로 그럭저럭 괜찮은 승용차를 구입하려는 중산층 이하의 사람들에게 엑셀의 가격이나 성능은 꽤나 매력적이었다. 게다가 이탈리아 유명 디자이너의 디자인과 일본 미쓰비시자동차 공업의 기술력이 더해진 덕분에 낯선 나라 한국에 대한 불신과 선입견마저도 잠재울 수 있었다.

1985년 미국 땅을 밟은 첫해에 엑셀은 단일차종으로 17만 대의 판매를 달성하며, 포춘 지의 〈Best Product Top 10〉에 선정되는 이변을 일으켰다. 또 이듬해에는 26만 대를 판매하는 등 미국 자동차 시장에서 3년 연속으로 수입소형차 부문 판매 1위를 차지하기도 했다. 뿐만 아니라 미국 진출 5년만인 1991년에는 누적 판매 100만 대를 기록하며 미국 자동차 시장의 새로운 신화를 써내려갔다.

현대차가 이뤄낸 이 놀라운 성과에 위협을 느낀 것은 미국 메이커만이 아니었다. 미국 자동차 시장에서 자리를 잡기까지, 〈혼다〉가 10년, 〈도요타〉가 15년이란 긴 기간을 소요했으니 일본 메이커들 역시 바짝 긴장할 수밖에 없었다. 하지만 안타깝게도 현대차의 화려한 데뷔전은 여기에서 멈춰야 했다. 거침없는 질주에 그만 엔진이 과열된 것이다.

현대조크를 아시나요?

—

미국시장 진출 초기에 엑셀에 대한 미국인들의 관심이 컸다지만 사실 '제품'이라는 절대적인 기준에서 만족감을 준 것은 아니었다. 품질이나 디자인에 비해 가격이 매우 착하니 '이 정도면 됐어'라며 선택한 것이다. 그런데 현대차의 착한 가격은 얼마 지나지 않아 그 실체를 드러냈고, 미국인들의 실망은 비난으로 이어졌다.

자동차는 그저 달리는 것만으로도 충분하다며 대견해하던 한국과는 달리 세계 최고의 자동차 시장인 미국은 제품의 품질과 성능에 대한 기대치가 높았다. 물론 엑셀은 미국 진출을 염두에 두고 신기술을 대폭 도입하는 등 야심차게 준비한 작품이었다. 하지만 자동차의 종주국인 미국에서는 그저 급수 낮은 신출내기에 불과했다.

자동차는 주행이 주된 용도인 만큼 시간이 지남에 따라 주요 부품이나 본체 등이 노후화되고, 이에 따른 고장도 피할 수 없다. 그런데 현대차는 그 정도가 아주 심했다. 차를 산 후 초기 2~3년이 지나고 나면 시동이 걸리지 않고 변속기가 고장 났다. 심지어 주행 중에 차가 멈추기까지 했다. 뿐만 아니다. 문짝이 뒤틀어지고, 비가 새고, 페인트가 벗겨지는 등 불안하고 불편한 곳이 한두 군데가 아니었다.

더군다나 당시 현대차는 미국시장에 진출하며 판매 이후의 지속적인 품질관리나 정비망에 대한 준비도 부족했다. 차가 고장이 나도 수리를 받을 곳이 제대로 없고, 간단한 부품조차 쉽게 구할 수 없으니 내다버리는 것 외엔 별 도리가 없었다. 오죽하면 당시 미국인들이 현대차를 두고 '일회용 자동차'라고 했을까.

이런 소비자들의 불만은 공신력 있는 여론조사기관이나 언론 등을 통해 고스란히 드러났다. JD파워(JD Power and Associates)와 같은 공신력 있는 여론조사기관의 품질조사에서 현대차의 성적은 제일 바닥에 있었다. 상황이 이러하니 유명 대학이나 언론에서는 '조만간 현대차는 미국에서 철수한다.'고 전망하기까지 했다.

"우주 비행사를 졸도시키는 방법은 뭘까요?"

"조종석에 현대 로고를 단다!"

언제부턴가 미국 공중파 방송의 유명 토크쇼에서는 현대차를 단골메뉴로 올리며 조롱하기 시작했다. 더 심각한 것은 그 방송을 보는 미국인들이 너나없이 공감하며 깔깔댄다는 것이다. 현대차는 주행 중 느닷없이 멈춰버리는 차로 유명하니 비행사는 현대 로고만 봐도 놀라서 나자빠질만하다며 박수를 쳐댔다.

"현대자동차의 시트벨트를 뭐라고 할까?"

"배낭!"

"저 언덕 위의 현대자동차는?"

"기적!"

차가 고장이 나서 꼼짝을 않으니 고객은 시트벨트를 매고 차를 끌고 가야하고, 평지를 주행하는 것도 힘겨운 차가 언덕 위까지 올라갔으니 그게 바로 기적이었다.

현대차에 대한 소비자의 불신은 저조한 판매로 이어졌다. 가뜩이나 품질 문제로 판매가 줄고 있는 마당에 언론까지 나서서 여론몰이를 하니 차가 팔릴 턱이 없었다. 급기야는 미국에서 현대차를 몰아내자는 여론까지 형성됐다. 미국 진출 이후 곧장 박수세례를 받으며 천

국을 맛봤던 현대차로서는 이보다 더한 지옥이 없었다.

그나마 다행인 것은 당시는 요즘처럼 소비자가 뭉쳐서 불매운동이나 리콜요구와 같은 단체행동을 하지는 않았다는 점이다. 현대차를 조롱하는 여론과 더불어 소비자 단체행동까지 있었더라면 현대차는 미국시장에서 영영 설 자리를 잃었을 지도 모를 일이다.

잃어버린 23년

–

1985년 첫 미국시장 진출 후 예상을 뛰어넘는 폭발적인 호응에 현대차는 강한 자신감을 얻었다. 그래서 기왕 하는 것, 제대로 해보자며 1989년에는 캐나다 브루몽에 현지 공장까지 설립했다. 주문이 늘 것을 예상해 미국과 가까운 곳에 생산기지를 준비한 것이다.

캐나다 브루몽 공장은 당시 국내에서 인기가 좋았던 쏘나타Ⅱ를 연간 10만 대 규모로 생산할 수 있도록 설비를 갖추었다. 하지만 기대와는 달리 실제 생산판매량은 연 평균 2만5000대에 그쳤다. 결국 브루몽 공장은 1993년 10월, 가동한 지 4년 3개월 만에 4천 억 원의 손실만 남긴 채 폐쇄됐다. 점포는 그럴 듯하게 지어놓았는데 손님이 들지를 않으니 문을 닫는 것 외엔 별 도리가 없었다.

당시 브루몽 공장의 철수는 예견된 일이라고 해도 과언이 아니었다. 품질 결함과 정비망 부족 등으로 고객의 마음이 돌아서기 시작했지만 현대차는 이러한 신호를 무시했다. 가격경쟁력만 믿고 너무 안일하게 대처한 것이다. 그러니 공장 폐쇄는 피할 수 없었고, 결국 현대차의 현지 생산 첫 도전은 '브루몽의 굴욕'을 남긴 채 실패로 끝나고 말았다.

현대차가 미국에 진출했던 첫해인 1985년에는 엑셀 단일차종으로 17만 대, 이듬해는 26만 대의 판매를 달성했다. 하지만 이후부터는 판매량이 계속 하락해 1991년에는 12만 대, 97년에는 9만 대 정도를 판매하는 데 그쳤다. 더군다나 이 기간 동안 미국시장의 판매 부진을 만회해보려 현대차는 쏘나타, 스쿠프, 엘란트라 등 4개의 차종을 추가로 투입했다. 그리고 품질보증기간 또한 3년 3.6만 마일에서 업계 상위 수준인 5년 6만 마일로 늘여보았다. 하지만 이런 노력에도 불구하고 판매는 계속 하락했다. 맛이 없다고 소문이 난 음식점이 그릇만 화려하게 바꾼다고 손님이 들 리 없었다. 결국 브루몽 공장의 폐쇄에 이어 현대차의 미국시장 철수까지 거론되고 있었다.

브루몽의 악몽과 미국시장에서의 치욕스런 혹평에 현대차는 품질의 중요성에 대해 절감했다. 비온 뒤에 땅이 굳는다는 말처럼 현대차는 이후 혁신에 가까우리만큼 전사가 품질 확보에 매달렸다. 그 결과 현대차는 2004년 도요타를 꺾으며 실질품질에서 세계 탑 수준이 됐다. 전 세계는 물론 현대차조차도 믿지 못할 기적과도 같은 일이 일어난 것이다. 하지만 안타깝게도 고객은 여전히 현대차를 〈품질 나쁜 차〉로 기억하고 있었다.

2008년, 미국의 유명 비즈니스 잡지인 포춘 지는 현대가 〈품질 나쁜 차〉라는 이미지를 지우고 새로운 평판을 구축하는 데 '23년'이 소요됐다고 발표했다. 그리고 일본의 최고급 차인 렉서스와 견줄 수 있는 브랜드 명성을 구축하기까지는 23년이란 세월이 더 걸릴 지도 모른다고 했다. 품질이라는 기본을 놓친 데 대한 쓰라린 대가로 현대차는 23년의 세월을 곱으로 내놓아야 했다.

저품질, 악순환의 늪에서
현대차를 구하라

기업이라는 거대한 조직이 거친 파도를 뚫고 목적지까지 무사히 가기 위해서는 무엇이 필요할까? 우선은 리더가 목적지까지 가기 위한 방향을 올바르게 설정해야 한다. 전력을 다해 달렸던 그 끝에 원하던 목적지가 아닌 엉뚱한 곳이 나오면 이는 리더 혼자만의 실패로 끝나지 않는다. 리더의 판단을 믿고 열심히 노를 저었던 모든 구성원들이 실패와 좌절을 맛보게 된다. 심지어는 기업의 생존까지 위협받을 수 있다.

리더가 올바른 방향을 설정했다면 전 구성원은 이를 따르며 자신의 자리에서 최선을 다해야 한다. 리더의 올바른 방향 설정에도 불구하고 구성원들이 자신의 책무를 소홀히 한다면 속도가 더뎌지거나 아예 방향 자체가 틀어져 버리기도 한다. 이 또한 실패한 항해이다.

1990년대, 미국시장에서 조롱거리가 되어 저품질에 대한 혹독한 대가를 치르고 있었지만 현대차는 도망치지 않았다. 오히려 시장 전문가들이 뭐라 전망하든 묵묵히 갈 길을 간다는 뚝심으로 밀어붙였다. 물론 그렇다고 해서 시장의 소리를 무시한 채 '착한가격'의 매력만을 고집한 것은 아니다. 목적지가 분명했던 만큼 그곳으로 가기위한 전략들을 수정하며 다시 세계시장에서의 성공적인 안착에 힘썼다.

1998년 현대차는 미국시장에서 9만 대 판매라는 최악의 실적을 기록했지만 현대차의 수장인 정몽구 회장은 미국시장 장악에 대한 의지를 굽히지 않았다. 오히려 1999년 기아자동차를 인수하며 규모를 키웠고, 이어 2000년에는 〈고객중심의 품질경영으로의 전환〉을 대외적으로 선포하며 제대로 된 내실을 다져나갔다. 이전까지의 경영이 생산에 초점을 맞춘 것이라면 이후의 경영은 고객중심, 시장 중심의 품질에 초점을 맞추기로 한 것이다. 이로써 현대차는 미국시장에서의 혹평을 겸허히 받아들이며 진정한 의미의 글로벌 메이커로의 도약을 준비하게 된다.

오리고 붙여서 세계 최고의 정비교재를 만들다

—

리더가 명확한 방향 설정을 했다면 전 구성원들은 그곳을 향해 전력질주 해야 한다. 정몽구 회장은 현대기아차가 글로벌 탑 메이커로 성장하기 위해서는 품질혁신이 필수임을 깨닫고 전사를 한 방향으로 움직였다. 그리고 이 과정에서 자신의 경영철학에 공감하며 열정적으로 따르는 직원에 대해 전폭적인 지원을 아끼지 않았다. 그 중 한 명이 지난 2015년 퇴임한 신종운 부회장이다.

"가장 훌륭한 리더는 자신이 바라는 일을 맡길 적임자를 고르는 감각이 있으며, 그들이 그 일을 하는 동안 간섭하지 않을 수 있는 자제력을 가진 사람이다."

4번이나 미국의 대통령으로 당선됐던 프랭클린 루스벨트의 말처럼 리더가 조직을 목적지까지 성공적으로 이끌기 위해서는 우선 일의 적임자를 알아보는 혜안을 가져야 한다. 그리고 그 적임자에게 일을 믿고 맡길 수 있어야 한다. 이런 의미에서 본다면, 품질에 대한 신종운 부회장의 철학과 전략을 전격적으로 믿고 지원해준 것은 정몽구 회장의 탁월한 리더십의 발현이 아닐 수 없다.

신종운 부회장은 '품질의 저승사자'라고 불릴 정도로 현대차 품질확보를 위해서라면 티끌만한 결함도 용납하지 않았다. 그는 말단 사원 시절부터 현장을 오가며 품질을 익혔고, 미국 주재원 시절에는 시장의 조롱과 질타를 온몸으로 견뎌냈다. 제일 아래에서부터 품질의 현실을 맛봐왔기에 가장 강력한 필요를 느낄 수 있었다.

1978년에 현대차에 입사한 신종운 부회장은 입사 초기에 서울 본사의 해외영업본부에서 일했다. 하지만 3년여가 지난 뒤 그는 울산 공장의 해외정비 기술교육과로 자원해서 내려갔다.

해외정비 기술교육과는 정비지침서, 진단툴, 공임책정에 관련한 책 등 자동차와 관련한 각종 정비기술서적을 만드는 것이 주된 업무였다. 타자기와 종이, 가위, 풀로 책을 만들어내야 하니 만만치 않은 업무량과 난이도였다. 게다가 정확한 정보를 담기 위해 수시로 현장을 오가야 했다. 그러니 해외수출사업부 중 모두가 가기를 꺼려하는 골칫덩어리 부서 중 하나였다.

한국항공대학교 항공기계과를 졸업한 그는 사무실에 앉아 서류를 뒤적이는 화이트칼라의 업무보다 현장에서 땀 흘리는 엔지니어의 업무를 더 원했다. 당시 현대차는 이제 갓 해외수출을 시작한 때라 정비기술 부분에 대한 지원이 미흡하기 짝이 없었다. 신 부회장은 현대차의 해외정비 업무를 제대로 구축하기 위해선 우선 현장부터 살펴야 한다고 판단했다.

신 부회장은 기술교육과에서의 첫 번째 목표로 '세계 최고 수준의 정비기술서적을 만드는 것'을 설정했다. 당시 현대차에도 나름의 정비기술서적이 있기는 했지만 신출내기 티가 역력했다. 글로벌 메이커로 성장하기 위해서는 그게 무엇이든 글로벌 수준으로 만들어두어야 했다. 신 부회장은 자신의 자리에서 할 수 있는 것부터 차근차근 바꿔보기로 했다. 상사의 업무 지시가 없었던 터라 그는 자투리 시간을 활용해 정비서적을 만들기 시작했다.

그는 기왕 하는 것, 세계 최고 수준의 정비서적을 만들어보기로 했다. 우선 세계 시장에서 인정받는 글로벌 메이커들의 서적부터 살폈다. 그 중에서 눈에 들어온 것이 도요타의 정비기술서적이었다. 타 메이커의 기술서적들이 길고 세세한 설명과 함께 지루함까지 안겨주었다면 도요타의 것은 간단명료했고, 그만큼 이해도 쉬웠다.

"그래, 도요타의 것보다 더 나은 책을 만들어야겠어!"

그는 자신의 목표에 대한 각오를 다지고 의욕을 고취시키기 위해 사무실에 포스터까지 만들어서 붙였다. 현대차가 도요타를 깔아뭉개는 그림을 그리고, 해외 유명 언론 매체의 타이틀까지 달아 실제 신문기사처럼 만들었다. 누가 봐도 실제 신문기사가 아니란 것을 알 정도로 조악한 작품이었지만 그 아이디어만은 공장을 방문한 외국인들이 감탄할 정도로 기발했다.

항공대에서 기계와 정비에 대한 공부를 했다지만 항공기와 자동차는 많이 달랐다. 또 실제 현장에서의 영역은 학교 때 배웠던 것보다 훨씬 더 광범위했다. 신 부회장은 자신의 부족한 지식과 능력들을 채우기 위해 틈만 나면 책을 읽고 현장을 살폈다. 제품에 대한 완벽한 이해만이 간략하고 명료한 전달을 가능하게 함을 알기 때문이다.

신 부회장은 사소한 것 하나라도 자신이 완전히 이해가 될 때까지 파고들었다. 그는 현장과 연구소를 수시로 오가며 묻고 관찰했다. 예컨대 도장의 경우만 하더라도 하도, 중도, 상도, 베이킹 등 차량 도장과 관련된 개념과 과정을 완전히 이해해야지만 그것을 책에 정확히 기술할 수 있다. 그러니 하루에도 몇 번씩 도장공장, 의장공장, 차체공장 등 여러 공장을 드나들며 이해가 될 때까지 파고들었다.

그렇게 채득한 기술들은 간단명료한 언어와 그림으로 정리되고, 이는 다시 타자기를 통해 활자화 되었다.

"그림을 가운데에 넣는 건 어떨까요? 그리고 이 부분은 글자를 조금 더 두껍게 해서 강조해주고요."

함께 일하는 두세 명의 직원들과 함께 타이핑한 원고를 일일이 수작업으로 오리고 붙여서 편집을 했다. 당시는 인터넷은커녕 컴퓨터도 널리 활용되지 않았던 때라 손과 발의 정직한 땀을 믿어야 했다.

한국어로 제작된 1차 원고의 편집이 끝나면 그 다음은 영어로 번역했다. 해외로 나갈 정비서적이었기에 영어 번역본은 필수였고, 그 외에도 독일어, 스페인어, 아랍어, 포르투갈어 등 여러 나라의 언어로 다시 만들어내야 했다.

한편 책을 만들며 사용된 모든 자료와 데이터들은 번호를 붙여서 코드화 해두었다. 그래야지만 정비서적의 정보를 업그레이드 할 때

수정이 용이하고, 각국의 언어로 일괄 수정이 가능하기 때문이다. 일종의 전산관리시스템과 같은 개념을 당시부터 적용시킨 것이다.

구성원 모두가 개척자인 현대

—

신 부회장이 울산공장의 해외정비 기술교육과에서 일하기 시작했던 1981년은 있는 것보다 없는 것이 더 많던 때였다. 현대차 역시 1967년에 회사를 설립해 1973년에 독자모델 개발에 들어갔기에 여전히 자동차 산업에서는 왕초보의 면모를 지울 수 없었다.

"없으면 내가 만들면 되지!"

당시 사원의 직급이었던 신 부회장은 자신이 맡은 해외정비 분야에서 부족한 것, 없는 것들을 찾아 하나씩 만들어갔다. 그만큼 구성원 모두가 개척자가 돼야 하던 시대였다.

정비서적을 만드는 것만 해도 단순히 자동차와 관련된 기술만 안다고 해서 될 일은 아니었다. 해외 각국으로 나가야 할 정비서적이었기에 그 나라의 자동차 관련 법규도 아주 중요했다. 자칫 실수로 관련 법규를 놓치거나 법해석을 잘못할 경우 회사가 집단 소송에 걸릴 위험도 컸다. 예를 들어 중동 지역에서는 시속 120km 이상은 속도를 못 내게 법으로 규정하고 있다. 그러니 이런 속도 규정에 대한 내용을 기술해주면서 120km 이상 속도를 내어 사고가 나면 그것은 우리 책임이 아니다. 고객의 책임이다.'라는 내용도 반드시 함께 써 두어야 한다.

이처럼 각 나라의 세세한 법규를 알고 대응하는 것과 모르고 대응하는 것은 차이가 컸다. 때문에 그는 밤잠까지 줄여가면서 세계 전역의 자동차 법규에 대해 공부했다.

법 전공자가 아니다보니 당연히 어려움도 많았다. 미국의 경우만 하더라도 자동차 관련 법규가 워낙 방대해서 이해가 힘든 부분이 많았다. 그럴 때는 관련 서적이나 자료들을 연구하며 아예 밤을 꼬박 새우기도 했다.

정비서적 외에도 부족하고 허술한 것들이 너무 많았다. 자동차 정비비용만 해도 그랬다. 제대로 된 공임의 책정 기준이 없으니 정비에 소요된 시간만큼 무조건 지불해야 한다. 미국만 하더라도 요즘은 1시간 당 공임이 100불이 넘는다. 이 비용을 자동차 메이커가 다 지불해야 한다. 30분이면 될 타이어 교체 작업을 한 시간이 넘도록 하고 있다면 그 돈을 고스란히 지불해야 하는 것이다. 회사 차원에서 생각하면 이 비용도 천문학적인 숫자였다.

공임을 줄이려면 정비시간을 단축시키는 것이 관건이었다. 그러려면 작업자의 숙련도 못지않게 정비에 사용되는 공구도 중요했다. 특히 애초의 설계가 나빠 정비 시에 분해나 조립이 용이하지 않은 경우도 있다. 이럴 경우 그것을 쉽게 분해할 수 있는 특수공구가 필요했다. 그는 이 역시 만들면 된다는 생각으로 일단 도전부터 했다.

특수공구와 관련된 여러 자료를 찾아보며 대강의 아이디어를 정리하고, 설계를 전문으로 하는 직원들의 협조를 받아 치수를 재고 설계까지 해냈다. 하지만 전문가가 아니다보니 재료의 선정이 쉽지 않았다. 그래서 연구소, 생산기술본부 등을 찾아다니며 재료 스펙에 관한 조언을 구했다. 몇 차례 강도를 보강하는 등 좌충우돌의 과정을 거치

긴 했지만 결국 바라던 특수공구들을 만들어 냈다.

전사적인 공감도 부족하고 협력도 뒷받침되지 않던 때라 시행착오는 피할 수 없었다. 하지만 신 부회장은 업무에 필요하다고 느끼는 것은 실패를 거듭하더라도 반드시 개선하고 만들어 들어갔다. 어느 조직이든 개척자는 필요하고, 직급에 상관없이 그것의 필요성을 느끼는 사람이 먼저 시작하면 된다고 생각했기 때문이다.

혁신, 교육부터 시작한다

—

현대차가 해외시장에 진출했던 초기에는 제품은 물론이고 정비망, 정비기술 등 모든 것이 부족하고 미흡했다. 잦은 고장과 불량도 문제였지만 그것을 정비할 정비센터도 많지 않았다. 게다가 기껏 찾아간 정비센터에서 정비기술까지 허술하다고 느껴지면 소비자의 불만은 극에 치 닿는다. 이는 직접 소비자의 입장이 되어보지 않더라도 상식의 선에서도 충분히 와 닿는 일이었다.

신 부회장은 해외 정비기술의 품질을 올리기 위해서는 무엇보다도 교육이 필요하다고 인식했다. 실질적인 정비기술의 향상은 물론이고 담당자와 기술자의 마인드 역시 새롭게 재정립해줄 필요가 있었다.

"교육을 해야 합니다."

신 부회장은 세계 전역의 현대차 대리점과 딜러의 서비스 매니저, 그리고 정비사들을 대상으로 한 정비기술 및 마인드 교육에 대해 제안했다.

"교육을 한다고 뭐가 달라질 것 같아?"

"해보지도 않고 어떻게 압니까? 그리고 달라질 게 없다고 해서 이렇게 손 놓고 있어야 하나요?"

이렇다 할 계급장 하나 달지 못한 말단사원의 느닷없는 제안에 상사가 발끈했다. 세계 각국에 있는 사람들을 한국까지 불러다가 어디서 교육을 할 것이며, 또 교육은 누가 하느냐며 언성을 높였다. 당시는 차를 팔 줄만 알았지 정비교육에 대한 필요성을 느끼지 못할 때라 상사 입장에서는 말단사원이 괜한 일을 벌이는 것으로 보였던 것이다.

"자네가 하겠다고 한 것이니 하나부터 열까지 자네가 다 알아서 하게나."

"네. 염려 마십시오."

상사를 설득해 어렵사리 허락을 받은 신 부회장은 일사천리로 일을 진행했다. 교육교재를 만들고, 세계 각국의 현대차 서비스 매니저와 정비사들에게 초청장도 보냈다. 그리고 회사 내 사무실 한 칸을 얻어 회의실로 꾸몄다.

많은 사람들 앞에서 교육을 한다는 것에 대한 부담감이 컸지만 그런 것을 신경 쓸 때가 아니었다. 품질이 떨어지는 차를 팔았으니 책임을 지는 것은 당연한 일이었다. 당장은 최고 품질의 차를 만들어내지는 못하겠지만 고장 난 차를 다시 잘 달릴 수 있도록 고쳐줄 수는 있었다. 이처럼 구성원 모두가 '품질'이라는 한 곳을 보며 제 역할을 해낸다면 현대차가 최고의 차가 되지 말라는 법도 없다는 생각이 들었다.

교육에는 세계 각지의 딜러 서비스 매니저, 정비사인 외국인들도 많이 참석했는데, 그 나라 고유의 문화에 대한 정보가 약했던 때라 웃지 못 할 해프닝도 있었다. 교육 초기 때에는 중동국가의 종교적 관습을 몰랐던 탓에 식사로 돼지고기를 대접했다가 크게 혼이 나기도 했다. 현대차가 세계 시장을 무대로 하는 만큼 각국의 문화와 종교적 관습에 대한 이해도 필요함을 느꼈던 순간이었다.

이런 좌충우돌의 과정을 거치기는 했지만 신 부회장이 주최한 정비교육은 빠른 속도로 자리를 잡아갔고, 호응도 꽤 좋았다. 특히 그가 만든 교육교재는 한 눈에 쏙쏙 들어오게 정리가 잘 돼 있어서 이해도 쉽고 공감도 잘 됐다.

정기적인 교육 외에도 신차 교육, 정비사의 정비능력향상 교육, 정비기술 테스트 등을 했고, 성적이 우수한 정비사들에겐 포상도 했다. 그리고 초청교육의 효과가 크게 드러내자 곧이어 현지교육도 추진했다.

교육 초기에는 신 부회장 혼자서 교육을 했지만 교육이 많아지고 그에 따른 교육생들도 늘어나자 혼자서는 역부족이었다. 그래서 새롭게 강사를 육성했는데, 우선은 함께 교재를 만들었던 직원들을 강사로 키워 교육에 투입시켰다. 그리고 기술교육과에 근무하는 정비사들도 전문적인 교육을 통해 강사로 육성을 했다. 세계 각지로 교육을 내보내기 위해서다. 외국의 정비사들이 모두 한국에 와서 교육을 받는 것은 비용이 많이 드니 자신들에게 행사 등 특별한 스케줄이 있을 때는 강사가 현지로 와주기를 부탁했다.

현지로 파견되는 정비교육자들은 고졸 출신이나 전문대 출신의 정비사들 위주로 선별했다. 이들에게 초기 6개월에서 1년 정도는 영어를 집중해서 가르쳤다. 젊은 청년들이다보니 다행히 짧은 기간의 집중 교육만으로도 제법 영어가 됐다. 물론 현지인들처럼 유창할 수는 없으니 필요에 따라 강의안 전체를 통째로 외우게 하기도 했다. 요즘에는 상상조차 할 수 없는 일이지만 그때는 그것조차 하지 않던, 모든 것이 부족하던 시절이었다.

'좋은 차를 만들어 해외에 많이 팔고 싶다.'는 막연한 바람만 있었지 무엇을 어떻게 해야 할지 몰라 모두가 우왕좌왕하던 때였다. 그러니 직급을 막론하고 누구라도 길을 먼저 발견한 사람이 그곳으로 향하면 됐다. 신 부회장은 자신의 분야에서 길을 발견했고, 그 길이 더 넓고 탄탄해지기 위해서는 혼자가 아닌 함께 가야함을 알았다.

내부로부터의 혁신은 구성원들의 마음과 태도를 바꾸지 않으면 불가능하다. 그러기 위해서는 무엇보다도 공감을 통한 소통이 우선이다. 왜 이것을 해야 하는지에 대한 필요성을 공감하면 이후부터는 누가 뭐라 하지 않아도 모두가 알아서 함께 움직인다. 1980년대의 현대차는 제품품질을 개선시키기까지 많은 시간과 기술이 필요했다. 하지만 어렵다고 한숨만 내쉬기보다는 당장 할 수 있는 것들을 찾아서 해야 했고, 신 부회장은 자신의 자리에서 묵묵히 그것을 해나가고 있었다.

전장의 중심에서
조용한 혁신을 준비하다

"우리가 자동차를 잘 만들면, 그 자동차는 돌아다니는 국기(國旗)입니다."

정주영 회장의 말이다. 애초에 현대가 자동차 산업에 뛰어들 때 기업 차원의 야심을 넘어 국가를 위한 사명감과 애국심도 컸다. 그러니 야심차게 진출한 미국시장에서의 혹평은 큰 위기가 아닐 수 없었다.

제품 자체의 품질이 가장 큰 문제였지만 그것을 개선시키려면 그만한 기술과 시간이 필요했다. 하지만 시장은 메이커가 기술을 확보할 때까지 기다려주질 않는다. 게다가 선진 자동차 시장인 미국에는 고객의 마음을 끄는 세계적인 메이커들이 모여 있었다. 현대차 하나 빠진다고 아쉬워할 사람은 없었다.

"엔지니어 출신의 똑똑한 인물들을 뽑아서 미국으로 보내세요!"

당장의 급한 불은 꺼야하니 현대차는 능력 있는 엔지니어 출신의 직원을 미국으로 보냈다. 신종운 부회장 역시 1991년에 현대차의 미국 판매법인인 HMA(Hyundai Motor America)로 발령이 났다. 당시 신 부회장은 울산공장 해외정비 기술교육과에서의 근무를 마치고 본사에서 해외정비 총괄 팀장으로 일하고 있었다.

미국 주재 제의가 왔을 때 신 부회장은 많이 망설였다. 부족한 영어실력도 신경이 쓰였고, 무엇보다도 가족들이 낯선 타국에서 생활하며 겪어야 할 혼란들이 염려스러웠다. 하지만 고심 끝에 그는 미국행을 선택했다. 누군가는 전장의 중심으로 가서 혼란을 잠재우고 다시 현대차를 일으켜 세워야 했기 때문이다. 물론 일개 차장, 그것도 제품 개발이나 생산이 아닌 정비 관리자인 자신이 할 수 있는 일이 그리 많지 않으리란 것도 알았다. 그럼에도 고장 난 차를 팔았으니 그에 따른 책임을 져야한다는 것이 그의 생각이었다.

못난 내 자식, 일단 책임부터 진다

—

지난 2014년 현대기아차는 세계 최초로 태블릿 PC 등 모바일을 이용하여 차량의 상태를 진단할 수 있는 'GDS-모바일(Mobile)'을 개발했다. 언론 등의 공식적인 보도에는 GDS-모바일의 모체가 2006년부터 현대기아차가 사용해오던 기존의 차량 진단장비인 'GDS(Global Diagnostic System)'라고 돼 있다. 하지만 GDS-모바일의 모체는 그보다 훨씬 이전인 1990년대 초에 개발되고 활용되었던 'HDS(Hyundai Diagnostic System)'이다.

"그래, 우리 실력이 부족해서 문제가 많은 차들을 팔았으니 어떻게든 책임을 져야해. 우선은 고장 난 차들을 쉽게 고쳐줄 수 있는 장비부터 개발해야겠어."

신종운 부회장은 미국 주재를 시작하며 제일 먼저 진단장비의 개발부터 도전했다. 의사가 환자를 잘 치료하기 위해서는 몸의 어디가 어떻게 고장 났는지를 정확히 진단하는 것이 우선이다. 그러기 위해서는 청진기를 비롯해 각종 진단장비의 성능이 우수해야 한다.

진단장비에 대한 전문적인 지식은 부족했지만 입사 이후 매일같이 현장을 드나들며 차를 뜯어고쳤던 덕분인지 어느 정도 자신감은 있었다. 신 부회장은 기술을 지원해줄 미국인 직원들과 적극적으로 소통하며 함께 머리를 맞댔다. 기존의 현대차의 진단 장비는 몸체가 너무 큰 데다 호환성이 없었다. 그래서 맞지 않는 차종도 많아 거의 무용지물에 가까웠다.

"장비를 차에 꽂으면 그 장비가 자동으로 차를 스캔해 들어가는 거죠. 그리고 그 차와 관련된 정보는 이 진단장비로 전송되어 오고, 이 진단장비는 해당 자동차의 어느 부분에 이상이 있는지를 밝혀내는 겁니다."

당시 미국은 자동차 선진 국가답게 모든 차량의 스캔 툴도 17핀으로 표준화 되어있고, 차량의 고장 유무를 알 수 있는 각 부위의 고유 특성 값도 표준화해두었다. 즉, 차량에 진단장비를 꽂고 연결하면 차량의 각 부위 상태를 읽어내어 표준화된 값을 벗어나면 고장, 그 안에 들면 정상이라고 판단한다. 물론 차량 각 부위의 표준값만 정해두었을 뿐, 그것을 측정하는 진단장비를 개발하는 것은 각 자동차 메이커의 몫이었다.

"이 진단기기를 통해 고장의 범주에 드는 데이터들이 모아지게 되면 이것이 즉시 정비통신으로 가는 겁니다. 즉 정비사가 그 부분을 정비하도록 지침서가 나가는 거죠."

"우와, 정말 획기적인 아이디어네요!"

수차례의 아이디어 회의와 기술적 시도를 통해 탄생한 것이 바로 앞서 말한 'HDS(Hyundai Diagnostic System)'이다. 선진 자동차 메이커들도 시도하지 못한 것을 현대차가 해낸 덕분에 당시 HDS는 미국의 자동차 진단장비분야에서 해마다 1등을 차지했다. 어디 그뿐 인가. 내로라하는 글로벌 탑 메이커들이 HDS를 벤치마킹하기 위해 현대차 미국 판매법인인 HMA를 문턱이 닳도록 찾아오기도 했다.

HDS의 구동원리는 그리 복잡하지 않다. 우선 차의 시동을 켠 상 태에서 HDS를 연결하면 이 진단장비가 차의 상태를 순서대로 자동 스캐닝을 한다. 그러면 미국 SAE(자동차공학회 – Society of Au-tomotive Engineers –가 제정한 규격) 규정의 표준값 안에 들면 정 상, 그것을 벗어나면 고장이라 판단해준다. 즉, 그 차의 현 상태와 차 가 유지해야 할 고유 상태를 컴퓨터가 비교분석을 해서 정상, 비정상 을 진단하는 것이다. 그러면 이 진단 결과를 바탕으로 정비지침서가 나가고, 정비사는 그에 맞춰 정비를 하면 된다.

HDS는 컴퓨터로 치자면 데이터를 갖고 있는 메인컴퓨터이자 슈 퍼컴퓨터이다. 그래서 고객 차량을 진단한 데이터들은 일회성으로 끝나지 않고 차곡차곡 HDS에 저장된다. 덕분에 당장은 정상의 범 주에 들지만 조만간 그 범위를 벗어나 고장의 위험성을 내포한 자동 차를 선별해내어 예측정비가 가능하도록 해준다. 차에 컴퓨터시스템 이 처음 적용되던 때라 이런 예측 정비는 전 세계적으로 볼 때도 획 기적인 시도였다.

고장, 이제는 컴퓨터로 진단한다

—

어렵다, 힘들다며 뒷짐 지고 불평이나 한다면 나아질 게 아무것도 없다. 뭐든 달라지고 나아지기 위해서는 구성원 모두가 자신의 자리에서 할 일을 적극적으로 찾아서 해야 한다.

미국 주재 기간 동안 신 부회장은 중역 급의 정비 코디네이터로 일하며 다방면에서 해외 정비의 품질개선을 꾀했다. 물론 큰 그림을 그리며 조직 전체를 움직일 직급은 아니었다. 그럼에도 신 부회장은 자신의 자리에서 할 일을 적극적으로 찾아 개선해 나갔다.

HDS는 단순히 자동차의 고장유무만을 진단하는 데 그치지 않았다. 앞서 말했듯이 데이터를 축적해 고장을 미리 예측함으로써 예측정비가 가능하도록 했다. 뿐만 아니다. 신 부회장은 HDS를 활용해 세계 최초로 차량용 블랙박스도 개발해냈다.

자동차는 잘 달리다가도 어느 순간 고장이 나곤 한다. 심지어는 다음 날이 되면 아무 일도 없었다는 듯 멀쩡히 잘 달린다. 그러다가 또 갑자기 문제가 발생한다. 이럴 경우, 고장이 나는 순간을 포착하고 원인을 밝혀야지만 해결점도 찾을 수 있다.

안타깝게도 1990년대에는 이와 같은 갑작스런 순간에 그리고 반복해서 일어나는 문제들에 대해서는 전문가가 24시간 함께 탑승하지 않는 이상 원인을 밝히는 것이 쉽지 않았다. 물론 요즘이야 차량용 블랙박스를 설치함으로써 실시간 모니터링이 가능하니 문제가 일어난 순간만 집중적으로 파악하면 원인을 밝히는 것이 그리 힘들지 않다. 하지만 블랙박스라는 용어조차 생소하던 1990년대에 이런 기발한 아이디어를 생각해 내는 것은 쉽지 않은 일이었다.

"그래! 차량용 블랙박스를 만들어보자."

항공대를 다니며 이미 항공기의 블랙박스에 대해 접해보았던 신 부회장은 이것을 차량에 도입하면 좋겠다는 생각을 했다. 잦은 고장 을 일으키는 문제의 차량에 블랙박스를 달아두어 연속적으로 녹화 를 하고, 그것을 HDS에 연결한다면 그 원인을 밝히는 것이 그리 어 렵지 않을 듯했다.

예를 들어 주행 중 시동이 꺼지는 문제가 발생한다면 그 상황을 잡 아야 한다. 시속 10km로 주행하면서 요철로 갈 때 시동이 꺼진 것 인지, 아니면 과속으로 달릴 때 시동이 꺼지는 것인지 등 뭔가를 잡 아야지만 문제를 해결할 수 있다. 그래서 블랙박스를 이용해 고장이 난 순간을 기록하는 것이다. 그리고 이 기록을 HDS로 보내주면 된 다. 문제가 발생됐던 그 순간의 자동차 주행환경이나 RPM, 냉각수, 주행속도 등 차량 상태의 정보가 나오기 때문에 원인 파악도 쉽고 문 제 해결도 쉽다. 뿐만 아니라 이러한 정보들을 한국 본사에 전달함으 로써 애초에 차를 만들 때 해당 부분들을 개선하도록 도울 수 있다.

차량용 블랙박스의 개발은 그리 어렵지 않았다. 항공기 블랙박스 의 원리를 이용한 데다 그 크기도 서류가방만해서 이동하는 데도 전 혀 문제가 없었다. 이렇게 개발된 차량용 블랙박스는 문제 차가 들어 올 때마다 해당 차에 장착되어 주행 중 상황을 녹화해주었다. 더 정확 하고 신속한 차량 정비가 가능하도록 큰 힘을 실어준 것이다.

한편 HDS는 차량의 상태를 원격진단도 가능하게 해주었다. 멀리 제주도에서 고장이 난 차를 서울까지 옮겨와 점검하기란 쉬운 일이 아니다. 하물며 우리나라 면적의 100배 가까이나 되는 넓은 땅덩이를 가진 미국은 그 불편함이 오죽할까. 더군다나 '싼 맛'에 차를 샀다가 낭패를 본 고객의 입장에선 긴 시간과 비용을 들여 정비센터까지 가는 것은 그야말로 '죽을 맛'이 아닐 수 없었다. 분노게이지 상승은 불을 보듯 뻔한 일이었다.

원격진단은 고장이 난 차를 직접 가져오지 않고도 문제의 진단이 가능하다. 모뎀 전화선을 통해서 HDS와 통신을 하도록 연결하면 거리나 지역과 상관없이 해당 차의 진단이 가능하다. 예를 들어, 워싱턴에 있는 고객의 차에 이상이 발생했다면 그곳의 정비센터에서 LA에 있는 본부와 원격진단을 하는 것이다.

"음, 산소 센서에 문제가 생겼군요. 우선 그쪽부터 점검해 보세요."

해당 차에 시동을 걸어두고 HDS와 통신을 시작하면 차의 현재 상태가 컴퓨터 화면에 모두 나타난다. 그러면서 어느 부분에 고장이 났는지 진단까지 해준다. 그 진단결과를 바탕으로 LA본부의 정비전문가가 해당 차의 정비를 맡은 기술자에게 무엇을 어떻게 할지에 대한 처방을 해준다. HDS 몸체에 모든 데이터가 담겨 있고, 검색이 가능한 검색 엔진 기능까지 있어서 정확하고 빠른 판단이 가능했다.

요즘은 이러한 원격진단이 전 세계적으로 당연한 듯 활용되고 있지만 당시만 해도 이런 기술은 아주 획기적인 시도였다. 게다가 인터넷이 없어서 모뎀을 사용했던 탓에 통신이 무척이나 느렸다. 그럼에도 최선을 다한 현대차의 노력에 고개를 끄덕여주는 고객들도 있었다. 물론 신 부회장의 이런 노력들은 '현대차는 나쁜 차'라는 시장의 이미지를 지우기에는 역부족이었다. 하지만 아무 것도 할 수 없는 것보단 뭐라도 할 수 있는 것이 오히려 다행이라 여기며 묵묵히 제 일을 해나갔다.

니들이 현대차를 타봤어?

—

문제가 많았던 만큼 할 일도 많았다. 손쓸 방도가 없어 발만 동동 구르는 것보단 할 일이 태산인 게 오히려 다행이었다. 신 부회장은 미국 주재 당시 해외 정비 담당 코디네이터로 업무를 시작했지만 이후 정비, 품질, 법무, 교육, 마케팅 등 거의 모든 분야의 업무를 맡아서 했다.

"중고차 값이 똥값인데 누가 우리 현대차를 사려고 하겠어요?"

자동차 판매에 영향을 미치는 중요한 기준 중 하나가 중고차의 가격이다. 1000만 원에 구매한 자동차를 5년 뒤 중고차 시장에 내놓아 팔려고 할 때 가격이 500만 원인 것과 100만 원인 것은 신차 구입 시 중요한 기준으로 작용할 수밖에 없다.

1990년대 초 미국시장에서 현대차의 판매가 바닥을 헤맸던 원인 중 하나가 바로 낮은 중고차 가격이었다. 품질이 낮다는 인식 때문에 현대차의 중고차를 구입하려는 사람들도 적었지만 그 가격도 아주 형편없었다. 말 그대로 똥값을 받고 팔아야 할 상황이니 누가 신차를 구입하려 하겠는가.

"그렇다면 중고차 값을 올려야죠!"

신 부회장은 미국의 중고차 잔존가치 평가사인 ALG(Automotive

Lease Guide)를 찾아가 현대차의 중고차 값에 대한 평가를 제대로 해달라고 요청하기로 했다. 물론 찾아가서 따진다고 해결될 문제가 아니란 것을 잘 알고 있었다. 하지만 한숨만 내쉬며 가만히 앉아 있을 수도 없는 일이기에 일단 출발부터 했다.

신 부회장은 깨끗하게 세차하고 정비한 빨간 엑셀을 타고 미국인 직원과 함께 ALG로 향했다. 5시간 가까이 운전해서 찾아간 ALG는 예상대로 무관심과 무반응으로 일관했다.

"당신들이 우리 현대차를 타봤나요?"

"아니요. 안 타봤습니다."

"직접 타보지도 않고 어떻게 중고차 가치를 매깁니까! 나는 당신들의 평가를 믿지 못하겠으니 일단 직접 타보고 나서 가치를 다시 매겨주십시오."

신 부회장은 자신들이 타고 온 차를 두고 갈 테니 6개월이든 1년이든 타고 싶은 만큼 타 보라, 그리고 난 후 다시 현대차의 중고차 가치를 평가해 달라고 요구했다. 물론 당시 현대차의 품질이 자랑할 만큼의 수준은 결코 아니었다. 하지만 그렇다고 해서 아주 밑바닥의 평가를 받을 것도 아니었기에 어떻게든 제대로 된 평가를 받고 싶었다.

분하고 억울한 마음에 붉으락푸르락하는 신 부회장과는 달리 ALG 관계자는 처음부터 끝까지 무반응이었다. "당신네들이 뭐라고 떠들든 우리는 현대차를 나쁘게 평가한다."는 의미였다. 돌아서는 발걸음이 무거웠지만 신 부회장은 희망을 잃지 않았다.

LA본부로 돌아온 후 신 부회장은 중고차의 가치를 올리기 위한 또다른 방법을 찾는다. 그러던 중 "우리도 중고차인증제도를 실시하는 게 어떻겠느냐."는 미국인 직원의 제안에 신 부회장은 무릎을 쳤다.

중고차를 사러 온 고객의 입장에선 자신이 사려는 차가 성능이 어떤지, 사고가 난 차인지 아닌지, 고질적인 고장은 없는지 등에 대해 정확히 알지 못한다. 그러니 중고차 딜러의 말만 믿고 샀다가 낭패를 당하는 경우가 많았다. 이 때문에 미국에 진출한 경쟁사들은 이미 '중고차인증제도'를 실시해 고객의 불안을 덜어주고 있었다. 메이커가 중고차의 품질을 보증해주니 고객의 입장에선 안심하고 구매할 수 있는 것이다.

중고차가 들어오면 메이커는 제품품질과 관련된 세부리스트를 만들어서 꼼꼼히 점검을 한다. 그래서 문제가 있는 부분은 모두 정비를 하고, 도색은 물론 청소까지 말끔히 한다. 이렇게 완벽한 정비와 점검이 끝난 후 차량은 중고차 시장에 나가게 된다. 이때, 1년, 5년, 10년 등 각 기간에 따른 자동차 메이커의 품질보증서를 패키지로 묶어서 팔면 새로운 수익창출도 가능하다.

좋은 품질과 깨끗한 차량 상태 덕분에 고객에게 좋은 평가를 받을 수 있고, 더불어 수익까지 창출되니 안 할 이유가 없었다. 신 부회장은 서둘러 중고차 점검에 필요한 체크리스트를 만들고 보증기간 별로 중고차인증을 위한 프로그램도 완성해 나갔다.

예산의 제한 등으로 프로그램의 한계는 있었지만 성과는 예상대로 좋았다. 물론 한순간에 현대차를 '품질 좋은 착한 차'로 바꿔놓지는 못했다. 하지만 이런 작은 노력들이 모여 언젠가는 현대차가 글로벌 탑이 될 것이라는 희망이 있었기에 신 부회장은 조롱과 혼란의 중심에서 조용한 혁신을 멈추지 않았다.

품질을 위해서는
무엇이든 괜찮다

"품질을 위해서는 무엇이든 괜찮다!"

1998년 현대자동차의 회장으로 취임한 정몽구 회장은 기존의 실패한 전략을 내다버리는 것으로부터 혁신을 시작했다. 초기의 현대차는 '싼 가격을 위해서라면 품질도 양보할 수 있다며 가격경쟁력을 우선으로 내세웠다. 하지만 정몽구 회장은 그 무엇도 품질을 우선할 수는 없으며, 품질을 위해서는 무엇이든 괜찮다고 선언했다.

정몽구 회장은 1970년대 초반 현대자동차서비스의 사장을 맡을 때부터 품질의 중요성을 절감하고 있었다. 크고 작은 고장으로 인한 소비자의 불만이 곧 메이커에 대한 부정적인 이미지로 직결된다는 것을 알았기 때문이다. 당시 그는 작업복을 입고 정비현장을 직접 점검했을 정도로 품질을 중요하게 여겼다.

현대차의 최고 리더가 되자 정몽구 회장은 직접 미국시장의 점검에 나섰다. 현대차 품질의 현실을 똑바로 보기 위해서다. 그간 미국시장을 비롯한 선진 해외시장에서 염려스런 보고들이 있었지만 그 실체를 제대로 알지는 못했다. 그런데 막상 현장을 확인하니 큰 충격이 아닐 수 없었다. 나름 최선을 다해 만들었던 제품들이 소비자들에게 외면당하고, 심지어 '일회용'으로 취급당하고 있었다. 품질이 고객의 기대치를 따라가질 못하니 천덕꾸러기 신세가 된 것이다.

1990년대 이후로 세계 자동차 시장의 판세가 급속도로 바뀌고 있었다. 라이프 스타일의 변화로 자동차에 대한 수요가 증가한 만큼 공급 또한 급격히 늘었다. 그리고 어느새 공급 과잉의 상태가 되어 내로라하는 메이커들조차 고객의 선택을 기다리는 신세가 됐다. 겸허한 자세로 스스로를 점검하지 않으면 그 누구도 살아남을 수 없게 된 것이다.

현대기아차, 마침내 '품질혁명'을 선언하다

—

"불량품은 만들지도, 보내지도, 사용하지도 않는 철저한 품질 위주의 경영을 실현하고 무결점 무클레임 달성에 노력합시다."

2000년, 정몽구 회장은 〈고객 중심의 품질경영으로의 전환〉을 대외적으로 선포하고, 결의문까지 발표했다. 세계 자동차 시장의 판세가 바뀐 만큼 메이커의 근본적인 변화가 절실했다. '이 정도면 됐지'라던 메이커 위주의 시선에서 벗어나 사용자의 입장에서 더 섬세하게 살피지 않으면 어제의 1등이 내일의 꼴지가 될 수도 있는 상황이었다.

품질은 생존을 위해 반드시 챙겨야 할 기본인 동시에 글로벌 탑을 열어 줄 최고의 열쇠이기도 했다. 결국 얼마나 더 섬세하고 깐깐하게 품질을 살피느냐에 따라 기업의 성패가 갈렸다.

전사를 '품질'이라는 한 방향으로 이끌어가기 위해서는 강력한 리더십이 필수였다. 특히 미국이라는 거대한 글로벌 시장에서 쫓겨나듯 물러나지 않으려면 성큼 앞으로 나아가야 한다. 그러려면 결국 앞장 선 사람이 확고한 신념과 강력한 의지로 조직을 이끌고 나아가야 한다.

"제품의 품질은 각 부분별로 따로 떼어 생각할 수 없습니다. 그러니 품질본부로 통합해서 관리하세요."

정몽구 회장은 본격적인 품질경영을 위해 현대기아차품질본부를 발족시켰다. 설계, 생산, 영업, A/S 등 제품의 품질과 관련된 각 영역을 통합해 한 곳에서 관리하기 위해서다. 각 영역의 디테일을 존중하면서 빅 픽쳐를 그리는 컨트롤타워도 함께 두겠다는 생각이었다.

곧이어 그는 '품질회의를 할 수 있는 공간을 마련하라.'고 지시했고, 이후 매월 품질 관련 회의를 직접 주재하기까지 했다. 또한 필요에 따라 자동차를 검사대에 올려놓고 직접 관찰하며 문제점을 분석하기도 했다.

더 좋은 품질의 차를 만들기 위해서라면 생산라인을 중단시키는 일도 주저하지 않았다. 1999년 정몽구 회장은 불시에 울산공장을 방문했다. 그는 조립이 모두 끝난 승합차의 슬라이딩 도어를 수십 차례 세차게 여닫더니 '처음부터 다시 만들라!'고 지시했다. 문이 슬라이딩 레일에서 이탈한 것이다.

고객이 차를 애지중지하며 보물 다루듯이 사용해 줄 것이란 기대는 애초에 하지 않아야 한다. 그러니 가장 거칠고 혹독한 상황에서도 제 기능을 잃어서는 안 된다. 그런데 20여 차례의 여닫음으로 문이

레일에서 이탈했으니 '스톱!'을 외칠 수밖에…

2003년 아반떼를 개발할 때는 변속기의 잡음 때문에 생산라인을 중단시키기도 했다. 이 때문에 두 달간의 판매 손실이 예상됐지만 그는 개의치 않았다.

"당장 변속기의 삐걱거리는 소리부터 개선하세요."

"그 문제를 해결하려면 생산을 전체적으로 정지시켜야 합니다. 그러면 두 달간의 판매 손실이 생깁니다."

모두가 리더의 신념에 공감하며 동참한 것은 아니었다. 변속기의 잡음은 자동차의 기능과는 아무런 상관이 없는, 그저 운전자의 신경을 거슬리게 하는 요인일 뿐인데 두 달간의 판매 손실을 감수해야 하는 것인지 의아해하는 직원들도 많았다. 이에 정몽구 회장은 '품질을 위해서는 무엇이든 괜찮다.'는 말로 품질확보에 대한 리더의 강력한 의지를 표현했다.

당시는 품질에 대한 개념도 명확하지 않았을 뿐더러 품질을 위해 무엇을 양보해야 할지 그 기준도 분명하지 않았다. 그만큼 과도기적 시기였다. 때문에 리더가 '무엇이든 괜찮다!'는 말로 분명한 기준을 정해줄 필요가 있었다.

품질에 대한 리더의 강력한 의지는 이에 공감하고 따르는 직원들에게 큰 힘이 됐다. 어느 분야에서 누가 무엇을 추진하든 그것이 현대기아차의 품질확보를 위한 것이라면 거침없이 나아갈 수 있는 든든한 뒷배가 되어주었다.

최고 리더의 강력하고 단호한 의지는 곧 품질 향상과 판매량 상승, 그리고 고객 만족으로 이어졌다. 물론 그 과정에서의 좌충우돌과 시행착오는 피할 수 없었다. 그럼에도 기업의 철학, 리더의 철학이 분명했던 만큼 품질이라는 한 방향을 향해 꾸준히 나아갈 수 있었다.

현장부터 살피고 따진다

—

최고경영자의 품질에 대한 강력한 의지는 제품개발, 생산 등 각 영역에서의 실행으로 이어졌다. 신 부회장 역시 조직과 리더의 철학에 공감하며 자신의 분야에서 최선을 다해 힘을 보탰다.

1998년, 7년간의 미국 주재를 마치고 한국으로 돌아온 신 부회장은 곧장 아산공장으로 향했다. 본사 해외정비팀장 자리의 제의도 있었지만 고심 끝에 그는 결국 아산공장에서의 근무를 결정했다.

멋진 슈트를 입느냐, 현장의 작업복을 입느냐는 딱히 고민할 거리가 아니었다. 말단사원 시절 이미 울산공장에 근무하며 시도 때도 없이 현장을 드나들었던 덕분에 업무에 대한 부담도 별로 없었다. 하지만 가족들과 떨어져서 생활해야 한다는 것은 망설임의 이유가 됐다. 그럼에도 그는 아산공장을 선택했다.

미국 주재기간 동안 그는 현대차가 생존하기 위해서는 제품의 품질확보가 절실함을 깨달았다. 이를 위해서는 자신의 업무를 정비에만 제한할 것이 아니라 제품과 관련된 모든 부분으로 확장할 필요가 있었다.

신 부회장은 아산공장에서 제품 생산과 관련된 품질부분의 관리를 담당했다. 입사 이후 줄곧 해외정비 분야에서 일했지만 사실 제품의 품질과 정비가 완전히 무관한 업무는 아니었다. 오히려 공통점이 많았다. 예를 들어 자동변속기에 대해서 해박한 지식을 가지고 있으면 그것으로 정비 쪽의 업무와 공장 쪽의 업무가 모두 가능하다.

일반적으로 자동차 제조공장은 의장, 생산조립, 도장, 차체, 엔진 등 각 분야별로 품질관리(Quality control)를 한다. 그런데 신 부회장이 아산공장에 오자 현대차는 각 분야별로 흩어져 있던 것들을 모두 통합하여 그에게 맡겼다. 다소 부담스런 상황이긴 했지만 신 부회장은 오히려 성장의 기회라 여겼다.

회사의 입장에서 볼 때 제품 품질의 디테일은 물론이고 동시에 전체를 보며 한 방향으로 이끌어 갈 현장의 리더가 필요했다. 회사는 신 부회장이 그 일의 적임자라 판단한 것이다. 한편 신 부회장의 입장에서도 현대차에 몸담은 이상 자신과 현대차는 한 배를 탄 공동운명체였다. 그러므로 현대차의 성장과 자신의 성장을 떼어놓고 생각할 수 없었다.

아산공장의 품질 수준은 짐작했던 것보다 훨씬 더 나빴다. 미국시장에서의 품질에 대한 혹평으로 회사는 퇴출의 위기까지 겪고 있었지만 정작 제조의 현장에서는 여전히 생산 위주의 전략을 고수했다. 당장 물량을 더 뽑아내야지만 월급봉투가 빵빵해지니 글로벌 시장에서의 평가는 뒷전이었다.

"양산에 들어가야 하는 차가 왜 아직도 연구소에 있습니까? 생산이 속도를 내지 않으면 우리는 대체 뭘 먹고 삽니까?"

"품질이 확보되지 않은 생산은 의미가 없습니다. 하나를 얻으려다 둘을 잃는 꼴입니다."

신 부회장은 신차가 개발되는 단계에서 가능한 모든 결함을 잡고 나가야 한다는 생각이었다. 그래야지만 고객도 현대차를 좋아하고 판매 이후의 클레임 비용도 적게 들기 때문이다. 하지만 현장의 직원들은 당장 자신들의 실적이 중요하니 품질을 뒷전으로 미뤄두는 것이다.

자동차에 들어가는 각종 부품을 생산하는 협력업체의 생각도 별반 다르지 않았다. 소비자의 원성이나 시장의 혹평은 그다지 중요하지 않았다. 어떻게 하면 물량을 더 많이 생산해 낼 수 있을지, 현대차와의 거래가 계속 지속될 수 있을 지만 고민했다. 하지만 현대차의 입장은 달랐다. 제품이 시장에 나가 소비자의 클레임이 발생을 하면 그 원인이 협력업체에 있다고 하더라도 재변제를 요구하는 비율이 20~30% 밖에 안 됐다. 결국 대부분의 비용을 메이커인 현대차가 부담해야 했다.

비용도 비용이지만 더 큰 문제는 현대차의 평판이었다. 불량이나 고장의 원인이 협력업체에 있다고 해도 고객은 그저 현대차가 '나쁜 차'인 것으로 인식한다. 그러니 현대차 입장에선 협력업체의 품질 수준을 끌어올리는 것 역시 중요한 숙제였다.

"세계 시장은 우리 현대차를 두고 일회용 차니 붙어 있는 것은 다 떨어지는 차니 하며 조롱을 해댑니다. 범퍼는 조그만 충격에도 떨어져 나가고, 비가 오면 헤드램프에 물이 차서 어항을 연상시킬 정도입니다. 그러고도 여러분들이 한국 최고의 차를 함께 만들어갈 자격이 있습니까?"

신 부회장은 품질 확보의 필요성을 인식시키기 위해 매주 협력업체들을 불러 모아 회의를 했다. 특히 미국시장에서 고객 클레임이 가장 많은 협력업체 다섯 군데를 선정해 회의에 꼭 참석시켰다. 그리고는 조목조목 묻고 따지며 고객의 니즈에 부합하는 품질을 확보해야함을 설파했다.

"우리 현대자동차를 망하게 할 생각이 아니라면 당장 여러분들 회사의 제품 품질을 개선시키세요!"

회의 참석자들은 주로 협력업체의 대표나 중역들이었는데, 당시 부장의 직급이었던 신 부회장은 이에 아랑곳 하지 않고 해야 할 말은 반드시 했다. 개중에는 신 부회장의 직설적이고 신랄한 지적에 눈물까지 훌쩍인 이도 있었다. 그럼에도 신 부회장은 주간회의의 강도를 낮추지 않았다. 모두가 함께 살아남기 위해서는 고삐를 빠짝 죌 필요가 있었다.

자동차 한 대에 들어가는 부품이 2만여 개에 달하는 만큼 협력업체들의 기술과 품질이 곧 완성차의 경쟁력을 좌우한다고 해도 과언이 아니다. 어디 그뿐인가. 누가 잘나고 누가 못 나고를 가리는 경쟁 구도가 아닌, 그들 중 누구 하나라도 말썽이면 다 함께 욕을 먹는 공존의 구조였다. 즉, 현대차와 협력업체들은 서로 손을 잡은 이상 한 배를 탄 공동운명체였다. 그러니 힘이 들더라도 서로 밀어주고 끌어주며 함께 나아가야했다.

"부장님 덕분에 일하기가 훨씬 수월해졌습니다. 예전에는 품질에 대한 이야기만 꺼내도 무조건 안 된다고만 하던 협력업체들이 이젠

순순히 수긍을 하고 어떻게든 개선하려 애를 쓰니 말이에요."

　신 부회장의 강도 높은 주간회의 덕분에 품질관리팀 직원들은 일하기가 훨씬 수월해졌다며 좋아했다. 협력업체들 역시 제품의 품질이 곧 회사의 경쟁력이라는 것을 알기에 힘듦을 기꺼이 감내했다. 힘이 들어야 힘이 생긴다는 것을 알게 된 것이다.

　모두의 노력은 곧 성과로 이어졌다. 신 부회장이 아산공장의 품질관리를 맡은 이후 1년째 되던 해에 현대차가 JD파워의 IQS(Initial Quality Study, 초기품질지수)에서 40% 이상이나 점수가 개선된 것이다.

　IQS는 신차를 구입한 후 3개월이 지난 소비자들에게 품질과 관련된 설문조사를 실시해 불만의 정도를 측정하는 조사로, 차의 기본 성능은 물론이고 인테리어나 승차감 등 감성적인 만족도까지 설문의 항목에 포함된다. 그리고 이 설문조사를 바탕으로 매년 자동차 제조사와 브랜드마다 순위를 매겨 발표를 한다. 세계적으로 가장 영향력 있는 시장조사기관의 발표이니만큼 이는 곧 소비자의 평가라고 해도 과언이 아니다.

　JD파워의 평가점수를 단 1년 만에 40% 이상이나 개선시켰으니 이는 현대차의 큰 성과인 동시에 글로벌 탑을 열 수 있다는 최고의 희망이 되어주었다.

고급차의 첫 주자 에쿠스,
좌충우돌 끝에 성공적인 미국행

—

링컨은 '장작을 패는 데 쓸 수 있는 시간이 8시간이라면, 나는 그중 6시간을 도끼날을 날카롭게 세우는 데 쓸 것이다.'라고 했다. 충분한 준비만이 성공의 확률을 더 높일 수 있다는 의미이다.

프로 운동선수들 역시 시간의 20%를 시합에 투자하고 80%를 훈련에 투자한다고 한다. 그리고 훈련이 충분하지 않다거나 컨디션이 좋지 않다면 시합에 나가지 않는다. 질 싸움은 아예 시작도 하지 않는 것이다.

백전백승의 비결은 이기는 싸움만 하는 데 있다. 질법한 싸움은 아예 시작도 하지 않으며, 꼭 해야 할 싸움이라면 반드시 이길 수 있도록 만반의 준비를 다한 뒤에 시작해야 한다. 기업도 마찬가지다. 새로운 브랜드나 제품을 출시할 때, 새로운 시장에 진출할 때 충분한 준비 없이 덤볐다간 낭패를 보기 십상이다.

현대차는 미국시장 진출 초기에 맛보아야 했던 쓰라림을 결코 잊지 않았다. 그래서 이후부터는 최선을 다한 완벽한 준비로 이기는 싸움만 시작했다. 그 중 하나가 '에쿠스'이다.

2010년 현대기아차는 최고급 대형 세단인 에쿠스를 미국으로 출격시켰다. 1985년 미국시장에 진출한 이후 현대차는 쏘나타, 아반떼 등 중·소형차 모델을 주력으로 12개 차종을 수출하고 있었다. 고급차종으로는 제네시스가 〈2009 북미 국제오토쇼(NAIAS, North American International Auto Show)〉에서 한국차 최초로 '북미 올해의 차'로 선정되는 등 성공적인 질주를 하고 있었다.

에쿠스는 제네시스에 이어 미국시장에 진출하는 두 번째 고급 모델이었다. 이미 국내시장에서 10년에 달하는 철저한 준비와 검증의 기간을 거쳤기에 두려움보다는 자신감을 안고 출발했다. 덕분에 에쿠스는 미국의 경제전문지인 포브스지가 선정한 '2010년 가장 기대되는 신차 10종'에 뽑히기도 했다.

에쿠스를 살려라

–

"울산공장으로 가서 에쿠스를 살려주시게."

신종운 부회장이 아산공장에서 근무한 지 1년 반 정도가 지났을 때였다. 본사 품질본부로 발령이 내정돼 있던 상태에서 갑자기 울산공장으로 발령이 났다. 그리고 그에게 에쿠스를 살리라는 특명이 떨어졌다.

에쿠스는 원래 내수 시장을 목표로 개발된 차였다. 1990년대 말, 우리나라는 국내 고급차 시장이 커지면서 외제 승용차의 수요자도 늘고 있었다. 이에 현대차는 한국의 고급차 시장을 공략하기 위해 신차 개발에 들어갔고, 1999년 4월에 1세대 에쿠스를 국내에 선보였다. 당시 에쿠스는 차량 크기와 무게, 옵션, 가격 등에서 국산차로서는 최고의 수준이다.

에쿠스는 1994년부터 시장조사와 타당성 검토를 시작해 5년여에 가까운 긴 개발기간을 거쳤다. 보통의 승용차가 3년 미만의 개발기간을 거치는 것에 비해 1.5배가 넘는 기간이다. 개발비 또한 다른 승용차의 1.5배를 훨씬 웃돌았다. 뿐만 아니다. 에쿠스를 생산할 공장도 고급차의 명성에 걸맞게 울산공장에서 기존의 시설과는 완전히 급이 다른, 최고의 시설로 새로 지었다.

공을 들인 만큼 기대도 컸다. 그런데 막상 뚜껑을 열어보니 품질 면에서 부족하다 못해 허술하기까지 했다. 빛 좋은 개살구가 따로 없었다. 국내 대형 고급차 시장을 목표로 호기롭게 출발했던 에쿠스가 그만 품질 문제로 돌부리에 걸려 넘어진 것이다.

화가 머리끝까지 난 정몽구 회장은 에쿠스를 살릴 적임자를 물색했고, 결국 여러 중역들의 추천으로 신종운 부회장을 급히 울산공장으로 내려 보냈다.

"도대체 이게 무슨 한국의 대표 고급차 입니까?"

상황은 짐작보다 훨씬 더 나빴다. 이미 양산에 들어가 버젓이 한국의 도로를 활보하고 있던 에쿠스는 1억 원에 달하는 가격이 부끄러울 정도로 결함투성이였다. 주행 중의 잡음은 기본이고 문짝도 뒤틀리고, 비가 오면 물도 새어 들어왔다. 상황이 이러니 현대차가 미국 시장에 진출한 초기보다 오히려 품질보다 나쁘다는 평가까지 들려왔다. 결국 현대차로서는 억! 소리 나는 '일회용 차'를 만들기 위해 그 많은 시간과 돈을 들인 꼴이었다.

에쿠스 개발에 정성을 들인 현대차의 실망보다 더한 것은 시장의 평가였다. 비슷한 가격대의 외제차를 뒤로 하고 애국심 하나로 국산차를 선택했던 소비자들은 '그럼 그렇지!'라며 현대차에 대한 실망과 분노를 드러냈다. 국내 고급차 시장에 야심차게 첫발을 내딛은 현대차로서는 또 한 번의 위기를 맞게 된 것이다.

신 부회장이 울산공장에 내려갔을 때 이미 에쿠스 공장은 가동을 멈춘 상태였다. 시장의 주문도 거의 없었지만 현재의 품질로는 더는 에쿠스를 시장에 내놓을 수 없다는 판단에 회사 차원에서 아예 가동을 멈춘 것이다.

입에선 한숨이 절로 새어나왔지만, 마냥 한숨만 내쉬고 있을 순 없었다. 어떻게든 문제를 해결하고 상황을 개선해서 앞으로 나아가야 했다. 당시 에쿠스 공장의 현장 작업자들은 할 일이 없어 눈만 끔뻑이는 상황이었다. 신 부회장은 우선 이것부터 해결하기로 했다. 당장 생산라인을 재가동 시킬 수는 없지만 머지않은 그날을 위해 현장 작업자들의 마인드부터 새롭게 정립해둘 필요가 있었다.

대화와 교육으로 선순환의 고리를 걸다

—

울산공장에 출근하던 첫날부터 신 부회장은 이미 나름의 히든카드를 준비하고 있었다. 품질 문제로 생산라인까지 멈춘 상황인데 도대체 어떻게 물량을 늘리고 근로자들의 월급봉투를 빵빵하게 해줄 것인가?

신 부회장은 에쿠스가 미국을 비롯해 전 세계의 도로를 멋지게 활보하는 그림을 그렸다. 품질만 세계수준으로 끌어올린다면 안 될 이유가 없었다. 더군다나 차 한 대의 가격이 1억 원에 달하니 제아무리 품질을 끌어올려도 내수시장의 수요만으론 한계가 있었다. 그러니 수출은 선택이 아닌 필수였다.

출근 첫 날, 신 부회장은 노동조합 대의원들과 현장의 활동가들을 불러 간담회를 했다. 울산공장은 워낙 노조의 힘이 센 곳이라 이들부터 설득할 필요가 있었다. 신 부회장은 미리 준비해온 자료와 함께 앞으로 자신이 어떻게 공장을 운영해 나갈 계획인지에 대해 구체적으로 설명했다. 그리고는 마음에 안 들거나 추가할 사항이 있으면 허심탄회하게 이야기하라는 말도 덧붙였다.

"……."

어쩐 일인지 아무도 말을 하지 않았다. 수긍한다는 의미였다. 신 부회장은 곧이어 근로자들의 가려운 부분도 긁어주었다.

"지금 우리 에쿠스 공장이 왜 가동을 멈췄습니까? 여러분들도 알고 있다시피 바로 품질 때문입니다. 그러니 품질에 관한한 여러분들의 협조가 필수적입니다. 여러분들이 품질만큼은 우리가 책임진다는 마음으로 협조를 해주신다면 저는 여러분들이 특근도 하고 잔업도 해서 월급봉투를 두둑하게 채워갈 수 있도록 최선을 다해 돕겠습니다."

당시만 해도 현장 근로자들은 기본급 외에 특근이나 잔업 등의 수당으로 월급봉투를 채워가던 때였다. 신 부회장은 회사의 가장 가려운 부분과 직원들의 가장 가려운 부분을 서로 긁어줌으로써 '함께' 가자는 것을 강조했다. 그리고 "현장과 항상 소통하겠다."고도 약속했다.

다행히도 이런 그의 계획에 노동조합 대의원들과 현장의 활동가들 그리고 현장의 근로자들 모두가 고개를 끄덕여주었다. 공존이 아니면 공멸할 수밖에 없는 절체절명의 위기상황에서 무엇이 해답인지에 대해 모두가 알고 있었던 것이다.

"자료를 보면 알 수 있겠지만 현재 세계 자동차 시장은 가격 중심이 아닌 품질 중심으로 흘러가고 있습니다. 아무리 싼 차라 해도 품질이 뒷받침 되지 않으면 결코 시장의 선택을 받을 수 없습니다. 하물며 우리 에쿠스는 1억 원에 달하는 고급차입니다. 여러분 같으면 문짝이 떨어져나가고 비가 새어 들어오는 차를 1억 원이라는 큰돈을 주고 사겠습니까? 저라면 절대 사지 않을 겁니다."

마음이 움직이지 않으면 결코 태도가 바뀔 수 없다. 신 부회장은 500여 명의 현장직원들을 강당에 불러 품질의 필요성에 대한 교육을 진행했다. 현장 직원들의 마음속 깊이 품질 확보에 대한 강한 의지를 심어주기 위해서다.

그는 세계적으로 공신력 있는 기관의 조사결과들을 활용해 교육자료를 만들었고, 이를 근거로 현장 직원들을 설득해나갔다. 신 부회장 개인의 생각이나 주장이 아닌 세계 시장의 모든 소비자가 품질에 대한 강한 니즈를 가지고 있음을 보여준 것이다.

"여러분들 모두 한 가정의 장(長)입니다. 가족 모두가 여러분을 존경하고 신뢰합니다. 그런데 자녀분들이 여러분에게 회사에서 무슨 일을 하느냐고 물으면 어떻게 대답하실 겁니까? 나사를 죄고 망치질을 한다고 대답하실 겁니까?"

신 부회장은 직원들의 자존감과 사명감을 올려주기 위한 마인드 교육도 잊지 않았다.

"여러분이 근무하는 회사가 어떤 일을 하는 곳이며, 여러분의 업무가 회사의 성장을 돕고 고객의 만족도를 높이는 데 얼마나 중요한 역할을 하는지 알아야 합니다. 그래야지만 자녀들에게도 당당하고 자신 있게 대답할 수 있습니다."

신 부회장은 현장 직원 모두가 자신의 업무에 대한 전문성과 자부심을 가질 필요가 있음을 강조했다. 더불어 우리가 하는 이 일이 어떤 것인지, 왜 우리가 이 일을 열심히 해야 하는지 등 업무에 관한 전체적인 그림을 그릴 수 있도록 해주었다. 그래야지만 가장으로서 존경과 신뢰를 받는 것은 물론이고 자신의 일에 대한 자부심과 사명감까지 생겨날 수 있기 때문이다.

놀랍게도 신 부회장이 교육을 하면 단 한 명도 허튼짓을 하거나 조는 사람이 없었다. 교육 내용에 신뢰가 가고 공감이 되기 때문이다. 특히 이제껏 단순 업무만 반복하다보니 자신들이 마치 회사의 부품과 같은 느낌이었던 데 비해, 큰 그림을 보여주며 그들의 역할이 얼마나 중요한 지에 대해 설명해주니 자부심이 생기고 자존감도 올라갔다.

뿐만 아니다. '품질을 좋게 하라!'는 무조건적인 지시가 아닌 '왜 그래야 하는지'에 대한 자상한 설명을 들려주니 이는 곧 자신들에 대한 존중으로 다가왔다.

대화와 교육을 통한 공감활동은 얼마 지나지 않아 품질개선이라는 성과로 드러났다. 마음이 열리니 태도가 바뀌고, 태도가 바뀌니 결과가 달라졌다. 마침내 품질의 선순환 고리가 걸린 것이다.

인원 투입 전에 숙련도부터 높인다

—

사실 에쿠스의 품질 문제는 대부분이 설계의 문제였다. 개발 단계에서 제대로 하지 않은 채 급하게 생산에 들어갔고, 검증도 없이 그대로 시장에 나간 것이다. 그러니 문제가 터지는 것은 당연한 일이었다.

현대차는 이전까지 주로 중·소형차 위주로 개발을 하다 보니 고급 대형차의 개발에는 기술적인 부분의 한계가 있었다. 그럼에도 이 모든 것은 변명에 불과하다는 것이 신 부회장의 생각이었다. 기술적인 한계가 있다면 애초에 더 큰 도전을 하지 말아야 했다. 그리고 더 큰 도전을 하려 한다면 완벽하게 준비를 해야 했다. 그래야 이기는 싸움이 된다.

신 부회장은 연구소 설계 담당자들을 불러서 하나하나 따지면서 설계 변경을 지시했다. 입사 이후 줄곧 생산과 교육 그리고 해외 시장의 현장에 근무하며 기술에 대한 지식과 철학을 쌓아온 덕분에 설계의 문제와 변경의 실마리를 찾는 것은 그리 어렵지 않았다.

"지시한 대로 설계를 변경했습니다."

우여곡절 끝에 연구소의 설계변경이 완성되자 신 부회장은 업체에 이를 초긴급으로 제작해 줄 것을 부탁했다.

"잘 부탁드립니다. 우리 에쿠스의 운명은 이제 여러분들 손에 달렸습니다!"

"걱정하지 마십시오. 우리 에쿠스가 대한민국을 넘어 세계를 활보하는 그날까지 온 힘을 다하겠습니다!"

연구소의 설계변경에 따른 각 협력업체의 부품 제조가 마무리되자 에쿠스 공장은 다시 가동에 들어갔다. 현장 직원들의 태도가 바뀐 덕분에 작업장의 분위기 역시 기대 이상으로 좋았고, 결과물 또한 훌륭했다.

품질을 올려주니 예상대로 판매가 늘어 생산량도 지속적으로 늘어났고, 급기야는 현재의 인원으로는 시장의 수요를 따라갈 수 없는 상황까지 됐다. 이에 위에서는 신 부회장에게 즉시 작업자를 더 투입하라고 지시했다.

"그럴 수 없습니다. 당장 새로운 인력을 투입하는 것은 에쿠스의 품질을 다시 떨어뜨리는 결과를 가져옵니다."

기존의 에쿠스 생산자들은 이미 일정 수준 이상의 작업숙련도를 갖추고 있었다. 그리고 지속적인 마인드 교육을 통해 현장의 문화도 크게 개선된 덕분에 불량도 거의 없었다. 그런데 에쿠스 생산에 익숙하지 않은 신규 직원들이 투입된다면 불량이 나오는 것은 불을 보듯 빤한 일이다. 구사일생으로 살아나 상승곡선까지 그리고 있는 에쿠스를 다시 추락하게 할 수는 없었다. 신 부회장은 상사에게 이런 자신의 의사를 분명하게 전달했다.

"당장 시장에선 물량이 모자란다고 난리인데 추가 인력을 즉시 투입 안 하겠다니요? 장단에 맞춰 춤을 춰도 모자랄 판에 이 무슨 엉뚱한 소리입니까!"

"에쿠스 공장은 내 담당입니다. 에쿠스 공장이 잘못되면 그 책임은 모두 내가 지게 됩니다. 그러니 신규 인원 투입과 관련된 부분도 내 소신대로 하겠습니다. 나는 신규 인원들의 작업숙련도가 기존의 직원과 같아지는 때에 현장에 투입시킬 겁니다."

신 부회장은 새로운 작업자를 투입하는 시기는 자신이 판단하겠다고 단호하게 말했다. 틀린 말은 아닌 데다 신 부회장의 태도가 워낙 강경하니 상사도 물러설 수밖에 없었다.

신 부회장은 에쿠스 공장에 새롭게 투입될 신규 작업자 50명을 훈련시킴과 동시에 이들의 숙련도를 점검할 수 있는 체크리스트를 만들었다.

"신규 작업자들의 교육이 끝나면 매일 이 숙련도 체크리스트를 통해 그들의 수준을 평가해주세요."

신 부회장은 직원들에게 하루도 빠짐없이 신규 작업자들의 작업숙련도를 체크하고 그 결과를 자신에게 보고하라고 지시했다.

이렇게 한 달 여의 시간이 지나자 신규 인원들의 숙련도가 기존의 작업자들과 비슷한 수준이 됐다. 계획대로 에쿠스 공장에는 추가 인원이 투입됐고, 품질 또한 이전 수준을 유지할 수 있었다.

참고로, 당시 신 부회장이 만든 작업자 숙련도 체크리스트는 이후 현대기아차의 모든 공장의 작업자 숙련도 진단도구로 표준화 되어 현재까지도 유용하게 사용되고 있다.

모든 것이 신 부회장의 그림대로 흘러갔다. 에쿠스는 내수시장에서의 수요가 꾸준히 늘어났고, 품질 부분에서의 지속적인 개선과 업그레이드로 새로운 사양도 준비했다. 그 결과 2009년에는 2세대 에쿠스가 동남아시아, 중국, 중동 등 세계 시장으로 당당히 진출했다. 또한 그 이듬해인 2010년에는 미국으로 야심차게 출격했고, 그 해 포춘지의 표지를 장식했을 정도로 반응도 좋았다.

포춘지는 〈가장 경쟁력 있는 자동차〉라는 타이틀로, 에쿠스가 '최고 수준의 품질과 마케팅 활동을 무기로 매우 공격적으로 선두그룹을 쫓고 있다'고 평가했다. 또한 '이제 고객들은 현대차를 소유하는 것에 대해 만족을 넘어 자랑스러워하기까지 한다'고 전했다.

에쿠스의 질주는 이후에도 계속됐다. 2012년 국내 언론은 에쿠스의 승전보를 전해왔다.

"현대 에쿠스, 미국에서 아우디 A8 눌러!"

"현대차 에쿠스, 벤츠 제치고 럭셔리카 1위"

30여년의 역사를 자랑하는 미국의 유명한 자동차 평가기관인 '스트래티직비전(Strategic Vision)'의 소비자 가치 평가에서 에쿠스가 아우디 A8과 벤츠를 제치고 당당히 글로벌 탑의 자리에 오른 것이다.

초기 에쿠스의 품질을 제대로 잡아두었던 것이 성공의 초석이 되었음은 분명한 일이다. 신 부회장은 미국에서의 뼈에 사무치는 고통과 눈물을 기억했기에 결코 품질에 대해 물러섬이 없었다. 또한 글로벌 탑이라는 현대기아차의 목표를 이루기 위해서는 '품질'이라는 절대 과제를 반드시 수행해야 함도 알았다. 그러니 누가 뭐라 해도 흔들리지 않을 탄탄한 뚝심과 굳건한 철학으로 뚜벅뚜벅 나아가야 했다.

현대자동차는 창사 이래로 50여 년간 단 한 차례도 품질을 중요하게 생각하지 않은 적이 없다. 그럼에도 초기 30년간은 품질로 인해 시장의 혹평을 받으며 발목이 잡혀 있었다. 어째서일까?

품질이 좋은 차를 만들어야 한다는 것을 알면서도 '무엇을?', '어떻게?'에 대한 생각이 부족했다. 또한 '품질'에 대한 개념조차도 명확하지 못했다. 2000년 정몽구 회장의 품질경영 선포 이후 비로소 무엇을 어떻게 해야지만 품질이 더 나아질지에 대한 진지한 고민과 함께 방법론의 모색에 들어갔다.

정몽구 회장은 '품질 없이는 판매도 없다'는 강력한 경영철학을 전하며 전사가 한 방향으로 움직일 수 있게 독려했다. 그리고 현대기아차의 품질확보를 위해서라면 파격적인 인사 조치도 꺼리지 않았다. 그 중 한 명이 신종운 부회장이었다.

2002년, 울산 에쿠스 공장에서 근무한지 2년 정도 됐을 무렵 신 부회장은 본사 품질총괄본부의 부름을 받는다. 앞서 말했듯이 품질총괄본부는 설계, 생산, 영업, A/S 등으로 나뉘어 있던 현대기아차의 품질 관련 기능들을 하나로 통합한 부서이다. 명칭 그대로 회사의 품질을 총괄하는 부서인 만큼 정몽구 회장의 관심도 각별했다.

품질총괄본부의 경영실장으로 발탁된 신 부회장은 현대기아차의 품질 확보를 위해 무엇을 어떻게 할지에 대한 그림부터 그리기 시작했다. 이전까지의 전략들이 그다지 효과적이지 않았기에 시장에서의 평가가 좋지 못했던 것 아니겠는가. 실패한 그림에 덧칠을 할 필요는 없었기에 그는 이전과는 다른, 새로운 그림을 그려 나갔다.

현대정신 + 현대기법
= 현대웨이

제아무리 빨라도 Follower는 Mover를 이길 수 없다

일본의 이세탄 백화점은 불리한 입지조건에도 불구하고 고객들의 발길이 끊이질 않는다. 또한 백화점 방문객의 실제 구매율도 경쟁업체와 비교할 때 현저히 높다. 특히 패션상품의 마진율이 50%에 달할 정도이다.

이세탄 백화점의 성공비법은 생각보다 간단했다. 철저하게 고객 중심으로 상품을 구비하고 서비스한다는 것이다. 디테일한 방법론에 있어서는 무릎을 칠만한 것들도 있지만 기본적인 철학은 여느 백화점들과 크게 다를 바가 없다.

'이세탄 방식'으로 불리는 그들의 경영비법을 배우고 따라 하기 위해 많은 기업들이 벤치마킹을 시도했지만 결국 실패로 끝났다. 겉으로 드러나지 않는 문화나 가치, 직원들의 마인드 등이 각 기업마다 다른데 겉만 따라한다고 같은 결과가 나올 수는 없지 않은가.

"왜 당신들은 신기술개발 쪽에 투자를 안 하죠?"

"왜 거기다가 돈을 쓰나요? 남들이 개발해놓은 좋은 것들을 가져다 쓰면 되지 굳이 돈을 들여서 기술을 개발할 필요가 있나요?"

현대차 초창기 때의 일이다. 당시는 현대차가 기술개발을 위해 투자를 별로 하지 않았다. 그러니 한 신문기자가 관계자에게 질문을 했고, 이와 같이 웃지 못 할 씁쓸한 답변이 돌아왔다. 전형적인 팔로워 마인드이다.

변화와 혁신을 원하는 기업들이 가장 많이 하는 전략 중 하나가 벤치마킹이다. '성공한 기업의 장점을 배우고' 등의 그럴듯한 설명을 덧붙이지만, 사실 이유는 의외로 단순하다. 쉽기 때문이다. 새롭고 기발한 전략을 만들어내는 것은 생각보다 어려운 데다 시간도 많이 걸린다. 또 성공보다는 실패에 대한 염려를 더 많이 해야 한다. 그래서 성공한 이들을 모방하고 흉내 내는 것이다.

신 부회장은 벤치마킹을 품질의 사대주의와 다를 바 없다고 여긴다. 내 것보다 그들의 것이 더 좋아 보이니 따라하려는 것이다. 내 고유의 좋은 것을 개발하기는 귀찮고, 그럴 능력도 안 되니 남의 것을 베끼는 것이다. 그래서 벤치마킹은 게으름뱅이나 아이디어 없는 사람들이 가장 선호하는 전략이라는 것이 그의 생각이다.

"왜 우리가 도요타를 배워야 합니까? 남들과 같은 길을 갈 필요가 있나요? 도요타를 따라하면 우리는 제아무리 기를 써도 만년 2등입니다."

신 부회장은 직원들이나 협력사들을 대상으로 하는 교육에서 현대기아차 고유의 품질을 개척하고 창조해야 함을 강조한다. 성공했든 실패했든 남들이 만들어 놓은 것은 이미 기존의 것이고, 모두가 알고 있는 것이다. 품질의 레드오션인 셈이다. 그러니 그 영역에서 제아무리 기를 써도 도토리 키 재기 마냥 거기서 거기인 결과가 나온다. 탑이 되기 위해서는 그곳에서 벗어나 기업 고유의 영역을 구축해야 한다.

신 부회장은 입사 이후 단 한 차례도 벤치마킹을 한 적이 없다. 벤치마킹을 하게 되면 상대의 생각이 나의 생각을 지배해서 새로운 아이디어를 떠올리기가 더 어려워지기 때문이다.

"지금부터 일본 자동차업체 이야기는 절대 내 앞에서 하지마세요. 일본은 우리가 배울 것이 없습니다. 그들은 모두 거짓말쟁이입니다."

신 부회장이 뭔가 새로운 것을 만들자고 하면 직원들은 습관처럼 일본기업을 먼저 쳐다봤다. 뭔가 베낄 것이 있나 싶어서다. 그래서 아예 일본 업체의 이야기는 말도 꺼내지 말라며 엄포를 놓았다. 요란하게 떠들어대지만 정작 내용을 들여다보면 아무 것도 없다. 두루뭉술한 말들로 교묘히 포장해서 진짜는 감춘다.

신 부회장도 단 한 차례 벤치마킹을 시도한 적이 있었다. 닛산을 벤치마킹하라는 윗선의 지시로 수 억 원의 예산을 들여 연구했지만 결국 이렇다하게 나온 것이 없었다.

신문이나 언론, 컨설팅 회사들을 통한 정보수집과 전략 연구 정도로는 결코 그들의 성공비법을 찾지 못한다. 겉으로 드러난 정보들은 빙산의 일각일 뿐, 진짜 핵심적인 것은 꽁꽁 숨겨져 있기 때문이다.

설령 온갖 방법을 동원해 그들의 비기를 알아낸다 해도 그것을 우리에게 접목시켜 성공까지 가기는 어렵다. 기술적인 면은 물론이고 기업의 문화와 비전, 직원들의 의식 등 뼛속까지 완전히 다른데 흉내만 낸다고 해서 같은 결과를 낼 수 있겠는가.

우리는 현대웨이로 간다

—

"현대기아차의 성공비법을 배우고 싶습니다!"

품질에 관한 끊임없는 혁신과 노력으로 현대기아차의 대외품질 지수가 향상되고 판매 또한 급속도로 늘자 각계각층에서 러브콜이 이어졌다. 현대기아차 품질혁신의 노하우를 알려달라는 것이다.

일회용 차라는 미국시장에서의 불명예를 씻고 당당히 글로벌 메이커로 성장해 있으니 이는 누가 봐도 기적이었다. 전 세계의 학계, 경쟁업계, 컨설팅업계 등이 현대기아차가 이룬 기적의 비법을 궁금해하며 끊임없이 문을 두드렸다.

2012년, 일본 능률협회장이 신종운 부회장을 찾아왔다. 이미 여러 차례 이메일과 편지 등으로 만나줄 것을 부탁했으나 신 부회장은 이를 거절했었다. 그와 만날 이유가 없다고 판단했기 때문이다. 결국 애가 탄 나머지 상대는 약속도 없이 막무가내로 회사를 방문한 것이었다.

"내가 도요타 경영진과 친분이 깊습니다. 신 부회장님이 오늘 내가 원하는 것을 준다면 도요타 최고경영자와의 식사 자리를 주선해주겠습니다."

비서, 한국지사장, 통역관 등을 대동해서 신 부회장을 만나러 온 일본 능률협회장은 '당신이 도대체 무엇을 어떻게 했기에 현대기아차가 이토록 성장할 수 있었는지'에 대해 모두 들려달라고 했다. 당시 신 부회장은 탁월한 경영능력과 품질혁신에 이바지한 공을 인정받아 현대기아차 부회장으로 재임 중이었다.

"하하! 그럼 당신은 내게 무엇을 풀어놓을 겁니까?"

신 부회장은 어이가 없었지만 상대의 이야기를 더 들어보기로 했다. 그러자 일본 능률협회장은 다소 거만한 태도로 도요타, 혼다 등 경쟁업체의 주요 경영전략들을 들려주겠다고 했다.

"이를 어쩌지요. 우리 회사는 도요타나 혼다에 대해 전혀 궁금하지 않습니다. 더군다나 그것이 과거의 것이라면 더더욱 관심이 없습니다."

신 부회장은 '당신이 제아무리 좋은 시스템을 소개해줘도 그것은 우리 회사의 문화와 맞지 않아서 적용이 안 된다.'는 말을 덧붙이며 상대에게 그만 돌아가 줄 것을 정중히 요구했다.

경쟁업체들의 시스템이나 전략들이 제아무리 대단하다고 해도 그것은 그들에게 해당되는 얘기였다. 그것을 벤치마킹하는 시간과 비용으로 현대기아차 고유의 것을 만들어 내는 것이 훨씬 더 효과적이란 게 신 부회장의 생각이었다.

현대기아차를 벤치마킹하기 위한 각계의 러브콜은 이후에도 계속됐다. 포드, 피아트, 벤츠, 아우디 등의 경쟁사들은 공장 견학이나 벤치마킹 등을 제안해오기도 했고, 정계나 학계 쪽에서도 면담 등을 요청하며 꾸준히 접촉을 시도해왔다.

한편, 현대기아차의 품질경영 노하우를 알기 위해 일본대사관측에서도 수차례 만남을 요청해왔다. 하지만 신 부회장은 내부 일정 등을 이유로 비서를 통해 정중히 거절의 의사를 전했다. 이에 주한 일본대사는 같은 해에 개최된 전국경제인연합회의 하계포럼에 직접 참석하여 신 부회장의 연설을 경청했다. 후문으로는, 현대기아차 품질혁신의 비법이 다름 아닌 현대기아차 고유의 경영전략과 시스템인 것을 알고는 놀라움을 금치 못했다고 한다. 보통의 기업들처럼 1등 따라 하기, 흉내 내기 전략이 아닌 고유의 것을 만들어냈다는 것도 놀라웠고, 그것이 글로벌 시장에서 주효했다는 것도 감탄스러웠던 것이다.

2014년에 신 부회장은 한국품질경영학회에서 주관한 세계품질경영학회 포럼에 초청되어 특별 강연을 한 적이 있다. 이때도 신 부회장은 현대기아차가 고유의 경영전략과 시스템으로 미국을 비롯한 전 세계의 자동차시장을 장악한 이야기를 들려줬다.

"더 이상은 일본을 견학하고 모방할 필요가 없겠습니다. 앞으로는 한국의 현대기아차를 배우고 벤치마킹 해야겠습니다."

신 부회장의 강연이 끝나자 유럽 품질경영학회 회장은 현대기아차만의 독창적인 품질경영 방식에 대해 감탄을 쏟아냈다.

많은 기업들이 도요타나 혼다의 혁신기법들을 배우고 벤치마킹하고 있었지만 이미 그것들은 과거의 것이 되어 있었다. 기업들은 더 새롭고 획기적이며 독창적인 성공비법을 원하고 있었다. 이런 이유로 현대기아차가 단기간 내에 이뤄낸 품질혁신에 대한 비법을 많은 기업들이 벤치마킹하고 싶어 했다.

타협은
없다,
오직 품질이다

PART
02

품질이 아니다,
제품이다

—

2003년, 미쉘린 메이나드가 쓴 '디트로이트의 종말(The end of Detroit)'이라는 책에는 미국 자동차 업계의 '빅3'로 불리는 GM, 포드, 크라이슬러의 몰락이 예언되어 있다. 이 책에서 저자는 '2010년에 빅3 중 한 메이커는 재정압박으로 인한 구조조정으로 살아남지 못하고 흡수 합병될 것'이라고 예언했다.

2009년 3월부터 크라이슬러와 GM이 차례로 파산 보호 신청을 했다. 정부의 재정적인 지원 없이는 살아남기가 힘들다고 판단했기 때문이다. 빅3의 몰락은 미국 제일의 자동차 생산도시였던 디트로이트시의 종말을 가져왔다. 디트로이트 시는 경쟁력을 잃은 미국 자동차 메이커들 때문에 재정적 위기를 견디다 못해 2013년 파산 신청을 했다.

저자는 미국 빅3의 몰락 원인을 '품질'때문이라 지적했다. GM, 포드, 크라이슬러는 애국심으로 자국 메이커의 차를 샀던 미국 소비자들 덕분에 1980년대에는 큰 성공을 맛봤다. 1등의 영광을 맛봤던 그들은 자만심에 빠져 고객의 니즈에 관심을 갖지 않았을 뿐만 아니라 시장의 변화조차 읽지 못했다. 이렇듯 품질을 소홀히 여긴 탓에 몰락의 위기를 피해갈 수 없었다.

빅3의 몰락은 세계 모든 자동차 메이커들에게 품질을 등한시 하고는 그 누구도 살아남지 못한다는 강력한 경고가 됐다. 또한 품질에 대한 영역을 더욱 확장할 필요가 있음도 시사했다. 단순히 고장 없이 잘 달리는 자동차가 아닌 모든 면에서 만족스런 자동차가 되어야지만 비로소 품질 좋은 차로 인정해준다는 것이다.

품질, 관리가 아닌 경영이다

—

"여기 음악소리 너무 시끄럽지 않니?"

"의자도 너무 불편해."

"음식 나오는 데 시간도 너무 오래 걸리네."

우연히 들른 음식점에서 이런 경험을 하게 된다면 그 매장을 재방문할 확률은 얼마나 될까? 음식점이 넘쳐 나는 요즘 '음식만 맛있으면 된다'며 근거 없는 배짱을 부린다면 얼마가지 못해 고객의 외면을 받게 될 게 분명하다. 음식도 맛있고 분위기도 편안하며, 서비스도 훌륭한 음식점은 얼마든지 많으니까...

한 끼 식사도 이럴 진데, 구입 후 몇 년을 사용해야 하는 자동차는 오죽할까. 고객이 자동차에 올라타는 그 순간부터 내리는 순간까지, 심지어 주차장에 세워져있는 자신의 차를 바라보는 그 마지막 시선까지 만족시켜주어야 한다.

제품 품질은 이제 기본이 됐다. 기본만 잘 지키면 칭찬받고 선택받던 시대는 이미 지나갔다. 만족을 넘어 감동을 전해야 하는 것은 비단 고객서비스에만 해당되는 말은 아니다. 제품의 모든 영역에서 니즈를 충족시키는 것은 물론이고, 기대 이상의 만족감을 주어야지만 비로소 고객은 감동한다.

미국 주재시절, 현대차의 품질에 대한 소비자의 불만을 생생한 현장에서 만나게 된 신 부회장은 '왜?'에 대한 분석과 더불어 '어떻게 그것을 해결할 것인가'에 대한 고민들을 시작했다. 그러던 중 그는 지금껏 생각했던 품질의 개념과 미국이라는 거대 시장의 소비자들이 생각하는 품질의 개념에 큰 차이가 있음을 느꼈다.

이전까지의 품질은 제품의 기능적인 면에 제한돼 있었다. 예를 들어 진공청소기의 경우 흡입력만 강하면 품질이 아주 좋다고 평가됐다. 그런데 언젠가부터 소음, 무게, 보관의 용이성, 심지어 디자인까지 품질의 영역에 포함됐다. 다양한 메이커의 등장과 기술수준의 향상으로 소비자의 니즈 역시 훨씬 더 광범위해진 것이다.

자동차도 마찬가지였다. 주행을 하거나 주차를 할 때 기능적인 면에서 고장이 나지 않으면 좋은 점수를 줬다. 그래서 품질은 '관리'의 개념으로 다뤄졌다. 즉, 품질을 개선하라고 하면 공장 작업자의 조립 업무에 대한 검사를 강화하는 것만 생각했다. 그런데 자동차 선진 시장인 미국에서는 제품 품질 외에도 디자인 품질, 성능 품질, 도장 품질, IT 품질, 심지어 소비자가 느끼는 감성의 영역까지도 품질이라 정의했다. 협의의 품질에서 벗어나 제품 전체를 봐야지만 소비자의 선택을 받을 수 있기 때문이다.

"품질을 단순히 관리의 영역으로만 볼 것이 아니라 경영 차원에서 접근해야 하겠군!"

신 부회장은 품질관리가 아닌 품질경영만이 제품의 완성도를 높이고, 고객의 니즈를 충족시켜줄 수 있음을 깨달았다. 당시 정비관리 업무를 하고 있던 신 부회장은 정비라는 자신의 영역에서부터 이런 깨달음을 적용시켜 나갔다.

물론 혼자만의 노력으론 한계가 있었다. 하지만 신 부회장은 현대차 역시 거대한 변화의 물결을 거스를 수 없다는 것을 알았기에 머지 않은 그날을 위해 조용한 준비를 했다. 품질에 대한 전문지식은 없었지만 자동차의 품질과 관련된 책 그리고 경쟁업체들을 연구한 책이나 자료들을 보며 품질경영에 대한 이해를 높였다. 뿐만 아니다. 미국 빅3의 품질 매뉴얼을 보며 품질개선기법도 공부했다. 한국으로 돌아가서 해외정비 업무를 계속 맡게 된다면 해외정비에 이러한 기법들을 접목해볼 생각이었다.

2002년 신 부회장은 품질총괄본부의 경영실장으로 발탁돼 본격적으로 품질관련 업무를 시작했다. 이때부터 그는 그동안 계획하고 있었던 품질경영에 대해 구체적인 전략을 수립한다. 기존의 개발자 중심, 생산자 중심의 품질에서 벗어나 시장 중심, 고객 중심의 품질경영을 위한 첫 걸음을 뗀 것이다.

신 부회장은 현대기아차만의 신개념 품질경영을 GQM(Global Quality Management)이라 이름 짓고, 이것을 현실에서 구현해낼 수 있도록 전사적 품질경영시스템인 GQMS(Global Quality Management System)를 개발한다.

숨을 곳이 없다, 모두 오픈하라

—

현대기아차 고유의 전사적 품질경영시스템인 GQMS(Global Quality Management System)는 제품의 품질문제와 관련된 모든 정보를 임직원 모두가 수평적으로 공유하는 시스템이다. 품질문제와 관련된 모든 정보는 실시간으로 공개되며 추적관리도 가능하다. 그래서 품질문제가 발생하면 관련 부서 및 협력사들이 신속하게 개선하지 않으면 안 된다. 게다가 그 과정 및 결과를 모든 임직원이 실시간으로 모니터링 할 수 있다. 덕분에 네 책임이니, 내 책임이니 하며 서로에게 책임을 떠넘기고, 문제해결조차 차일피일 미루던 고약한 태도들이 사라지고 더 정확하고 스피디한 품질개선이 가능해졌다.

정몽구 회장은 자신의 경영철학인 '투명경영', '품질경영'을 제대로 녹여낸 품질관리시스템인 GQMS 개발에 적극 지원했다. 당시 이사의 직급이었던 신 부회장이 시스템 개발을 위해 전사의 협력을 받을 수 있었던 것 역시 정몽구 회장의 적극적인 지지가 있었던 덕분이다.

GQMS가 개발되기 이전까지 현대기아차는 품질문제가 발생되면 이를 각 분야별로 나누어 16개의 품질관련 시스템에서 관리하고 있었다. '품질'이라는 하나의 덩어리로 묶어 투명하게 통합관리하지 않으니 개선을 하는 데 있어서 책임감과 속도감이 떨어질 수밖에 없었다.

"품질과 관련된 문제들을 하나의 시스템으로 통합해 투명하고 신속하게 관리할 수 있는 방법은 없을까?"

늘 현장과 함께 했던 덕분인지 답은 그리 어렵지 않게 찾아졌다. 신 부회장은 자동차의 생산 공정을 참고해서 GQMS에 대한 콘셉트를 잡았다.

개발이 끝난 차는 양산 지시가 떨어지면 생산라인에 투입되어 차체공장, 도장공장, 의장공장 등으로 이동하며 완성된다. 그리고 검사라인으로 가서 주행시험을 하고, 차량 인도 전 최종 검사센터인 PDI로 들어간다. 이후 선박에 선적되고, 해외 각 딜러들에 인도된다. 이처럼 자동차는 모든 생산 공정에서 위치관리가 가능하다. 신 부회장은 이것을 시장품질 쪽에 접목시키기로 했다.

당시만 해도 해외 딜러나 대리점 등 시장에서 품질과 관련된 문제가 쉴 새 없이 밀려들었다. 고객만족을 위해서는 이러한 문제들을 전사가 함께 공유하며 투명하고 신속하게 관리할 필요가 있었다. 그러려면 자료공유를 위한 시스템이 절대적이었다. 즉, 품질관리의 위치추적 시스템을 개발해 시장에서 접수된 품질문제가 어디에서 어떻게 해결되고 있는지를 실시간으로 투명하게 추적하고, 그 결과를 문제를 제기했던 쪽에 알려줘야 했다. 그래야지만 더 신속하고 정확한 해결이 가능하기 때문이다.

GQMS는 여러 차례의 사내 공청회를 통해 세부적인 콘셉트를 잡은 후 개발에 들어갔다. GQMS는 한 마디로 품질본부의 데이터뱅크였다. 안전 문제, 설계 문제, 대외품질 문제, 클레임 문제 등 품질문제와 관련된 모든 데이터가 한 곳에 모여 있으니 목적에 따라 그것을 꺼내어 활용하면 됐다.

개발 시 가장 염두에 두었던 것이 사용의 편리함이었다. 제아무리 좋은 기기도 사용하기가 어렵고 불편하면 손이 잘 가지 않듯이 시스템 역시 쉽게 사용할 수 있어야 했다.

"이 모든 과정을 공장의 생산 공정처럼 투명하게 관리하는 시스템을 만들어야 합니다."

신 부회장은 10명 남짓한 직원으로 TFT를 구성해서 시스템 개발 작업을 진행시켰다. 세상 그 어디에도 없던 시스템이다 보니 시행착오도 피할 수 없었다. 그렇게 다시, 또 다시를 거듭하며 2년여의 개발기간을 거치며 마침내 GQMS가 세상으로 나왔고, 그 성과 또한 놀라웠다.

GQMS의 대표적인 기능 중 하나가 '품질추적관리'이다. GQMS가 개발되기 이전에는 품질문제가 들어오게 되면 품질본부가 연구소 문제, 공장 문제, 영업 문제, 협력업체 문제 등 일일이 책임부서를 판단하여 개선을 지시했다. 그러면 대부분이 '이게 왜 우리 책임이냐'며 품질본부의 판단에 이의를 제기했고, 그렇게 옥신각신하는 사이 아까운 시간만 흘러갔다.

품질에 문제가 있는 차를 만들어서 팔았으면 개선이라도 속도를 내줘야 한다. 그래야지만 고객의 원성을 덜 듣는다. 그런데 매번 네 탓이니 내 탓이니 하며 싸우니 개선되기까지 한 달 이상의 시간이 소요되기 일쑤였다.

"책임의 소재를 분명하게 가릴 수 있는 프로그램을 만들어야겠어."

신 부회장은 GQMS의 기능에 품질의 책임부서를 가리는 예측기능을 부가했다. 이전의 품질문제와 관련된 정보들 그리고 그것을 책임졌던 부서들에 대한 기록을 모두 데이터로 저장했다. 그러면 컴퓨터는 이 데이터를 토대로 각 문제에 대한 책임부서를 가려낸다. 시행 초기에는 정확도가 80%에 가까웠고, 이후 점진적으로 정확도가 높아졌다.

GQMS의 분석결과에 따라 책임부서가 가려지면 즉각 관련부서로 보고서가 전송된다. 그리고 이 과정에서 부서 간 협조 사항이 무엇인지, 비용은 얼마가 드는지 등도 명료하게 보여준다. 이후 품질문제가 어느 정도 개선되고 있는지 GQMS가 수시로 체크한다. 그리고 정해진 일정 안에 개선이 되지 않으면 컴퓨터가 자동으로 연락을 취한다. 개선 완료가 될 때까지 컴퓨터가 끝까지 묻고 따지는 것이다. 덕분에 품질문제에 관한한 더는 숨을 곳이 없게 됐다.

모든 것이 적나라하게 드러나다 보니 '품질추적관리' 기능에 대한 반발도 많았다. 하지만 신 부회장은 개의치 않았다. '품질경영'이라는 회사의 대의를 따르기 위해서는 품질문제를 신속하고 투명하게 개선하는 것에 초점을 맞추는 것이 옳다고 믿기 때문이다.

제품은 누군가의 머릿속에서 실낱같은 아이디어로 태어난다. 그 때부터 품질도 시작된다. 그리고 제품이 쓸모를 다 하고 세상에서 그 형체가 사라지는 순간까지 품질은 이어진다. 하지만 제품이 사라졌다고 해서 품질까지 사라지는 것은 아니다. 품질은 오랫동안 고객의 마음속에 남아, 제품을 '다시는 만나고 싶지 않은 최악'으로 혹은 '또 다시 함께 하고 싶은 감동'으로 기억하게 한다. 이것이 우리가 품질에 집중해야 하는 이유이다.

5년도 길다,
2년이다!

"2010년도에 전 세계 자동차 메이커의 판매순위에서 5등을 하겠다!"

2000년 현대기아차가 현대차그룹으로 출범할 당시 정몽구회장은 〈Global Top 5 - by 2010〉이라는 원대한 비전을 수립한다. 그가 〈고객 중심의 품질경영으로의 전환〉을 선언한 이후 첫 번째로 수행해야 할 목표이자 과제였다.

현대차의 품질이 여전히 미국시장에서 하위권에 머물던 때라 세상은 현대차의 야심찬 선언에 그다지 관심을 두지 않았다. 불가능한 일이라 여겼기 때문이다.

신 부회장 역시 당시의 현대차의 품질수준으로는 목표를 달성하는 것이 어렵다 판단했다. 물론 그렇다고 해서 포기할 일은 아니었다. 목표를 설정한 이상 어떻게든 길을 만들어야 했다.

"어려운 것이지 안 되는 것은 아니잖아?"

사실 품질수준만 획기적으로 끌어올린다면 안 될 것도 없었다. 신 부회장은 긍정적인 시각에서 다시 접근해보기로 했다. 무조건 달성해야 한다는 전제 하에 '어떻게?'를 고민하기로 한 것이다.

〈Global Top 5 – by 2010〉이라는 회사의 비전을 달성하기 위해서는 지금껏 해오던 방식과는 완전히 다른, 대대적인 품질혁신이 필요했다. 품질수준만 획기적으로 끌어올린다면 판매는 자연스레 늘 것이고, 시장의 평가 또한 좋아질 것이다. 이런 선순환의 물결을 타면 세계 5위가 아닌 세계 1위도 가능한 얘기였다.

"2007년까지 도요타 품질을 추월하겠습니다!"

2002년 신 부회장은 '5년 안에 도요타 품질 추월'이라는 파격적인 선언을 한다. 이왕 하는 것, 목표기간을 3년 앞당겨 보기로 한 것이다. 그리고 도요타라는 분명한 목표물도 설정했다. 그래야지 반드시 그것을 해내고야 말겠다는 강력한 의지가 생겨날 테니 말이다.

당시 도요타의 품질 수준은 자타가 공인하는 글로벌 탑이었다. 이에 비해 현대차의 품질은 산업 평균에도 못 미치는 수준인데다, 도요타의 70% 수준에 그쳤다. 그러니 그의 이런 선언은 모두에게 미친 소리로만 들렸다. 하지만 정몽구 회장은 그를 믿어주었고 힘을 실어주었다. 반드시 가야할 길이라면 나서서 길을 뚫는 이에게 힘을 실어주는 것은 당연한 일이었다.

도요타를 잡아라!

—

'5년 안에 도요타를 따라잡겠다!'는 현대차의 선언은 도요타를 비롯한 글로벌 탑 수준의 메이커들이 볼 때 황당하기 그지없는 소리였다. 세계적인 자동차 품질 평가기관들 역시 도요타와 현대차의 품질

수준이 20년이나 차이가 나는데 그게 가능한 목표냐며 비아냥거렸다. 어차피 예상했던 반응이라 기죽을 이유도 없었다.

더 강력한 적은 내부에 있었다. 할 수 있다, 해 보자를 외치며 함께 나아가도 모자랄 판에 직원들은 할 수 없다를 먼저 외쳤다. 불가능한 일이라며 대놓고 반대를 하거나 '5년 안에 도요타 따라잡으면 내가 손에…'라며 비아냥거리는 이도 있었다. 또 개중에는 그러든지 말든지라며 남의 일처럼 무관심한 이도 있었다. 당시 도요타는 저 하늘의 별과도 같은 존재였으니 신 부회장의 선언은 말도 안 되는 소리로 들린 것이다.

2000년을 전후한 즈음 도요타는 프리미엄 브랜드인 렉서스가 JD파워의 IQS(초기품질지수)에서 8년 연속으로 1위(1997~2004)를 기록하고 있었고, 내구품질평가에서도 10년(1995~2004) 연속 1위를 달성했다. 또 신차초기품질 차급 최우수상(IQS segment Winner)에서도 18개의 상 중 도요타가 7개나 차지했다.

1959년 혼다의 미국 진출을 필두로 1960년대 소형차를 앞세워 미국 자동차 시장에 진출한 도요타는 불과 몇 년 만에 미국 소형차 시장을 장악했고, 어느 사이엔가 미국과 유럽의 내로라하는 메이커를 뛰어넘는 품질로 글로벌 탑에 등극해 있었다. 이에 비해 현대차는 1990년대 말까지 업계 평균에도 미치지 못하는 품질 수준을 보였다. 정몽구 회장의 품질에 대한 강력한 의지 덕분에 2000년에 들어서면서 IQS가 제법 향상되긴 했지만 여전히 중위권조차 진입하지 못한 상황이었다.

"이런 우리가 어떻게 도요타를 따라잡습니까? 그것도 5년 안에…."

"여러분들의 마음이 그러니 결과도 그렇게 나오는 것입니다! 우리의 능력이 안 되서 달성할 수 없는 게 아니라 마음이 이미 우린 못한다, 안 된다고 생각하기 때문에 결과가 그렇게 따라가는 것입니다!"

된다고 생각을 하고 출발을 하는 것과 안 된다고 생각을 하고 출발하는 것은 그 결과가 다를 수밖에 없다. 내 마음이 하기 싫은데 몸이 따라주겠는가. 그러니 결과도 뻔하다.

직원들의 마음을 열고 적극적으로 움직이게 하기 위해서는 전사를 하나로 묶고 현대차의 정체성을 잘 보여줄 수 있는 상징적인 슬로건을 만들어낼 필요가 있었다. 때론 백 마디의 말보다 짧은 표어 한 구절이 더 힘이 세지 않던가.

신 부회장은 〈The Hyundai Way is the Quality Way〉라는 짧은 문구로 현대기아차가 무엇을 향해 나아가야 할지를 보여줬다. '품질을 위해서는 무엇이든 괜찮다'던 정몽구 회장의 경영철학을 그대로 담은 문구였다.

"2007년까지 도요타 품질을 추월한다!"

목표가 정해졌으니 모두가 함께 그곳을 향해 달려야 했다. 그리고 그 길은 '품질'을 바탕으로 만들어져야 했다. 신 부회장은 자신의 선언이 실현될 수 있도록 품질전략을 구상했다. 우선은 전 직원에게 '도대체 어떤 수준의 차를 만들어야 도요타를 이길 수 있는 것인지'에 대한 분명한 기준을 정해줄 필요가 있었다. 신 부회장은 이를 '무결함의 매력적인 차'로 정의했다. 한 치의 결함도 존재하지 않으면서 고객의 마음까지 끌 수 있는 매력적인 차, 그것이 도요타를 이길 최고의 무기였다.

2002년 당시에도 현대차의 가장 큰 문제는 고장이 잘 난다는 것이었다. 그러니 고장품질, 즉 기술품질부터 잡아야 했다. 현재의 품질 수준을 지속적으로 끌어올려 고장이 나지 않는 무결함의 차를 만드는 것이 최우선 과제였다.

"품질은 단순히 고장이 나지 않는 것, 성능이 좋은 것만을 의미하는 것이 아닙니다."

신 부회장은 무결점의 차량을 만드는 것은 기본이며, 어떻게 하면 고객의 마음을 사로잡을 것인지를 찾고 실행으로 옮기는 것까지 해야지만 도요타를 따라잡을 수 있다고 판단했다. 기술품질에 감성품질까지 더하기로 한 것이다.

소비자가 제품을 사용하며 직접적으로 느끼는 품질에는 크게 두 가지가 있다. 기술품질과 감성품질이 그것이다. 기술품질은 핸들이 부러졌다, 문짝이 흔들린다와 같이 누가 봐도 명백하게 고장이고 불량인 것을 의미한다. 이에 비해 감성품질은 차체 페인트의 기포, 주행 중 들리는 바람소리, 차가 털털거리는 현상 등과 같이 차의 성능과는 무관하지만 사용자가 거슬려하는 것을 의미한다. 즉, 고장은 아니지만 왠지 모르게 거슬리는 것, 내 기분을 상하게 하는 것을 의미한다. 그래서 동일한 현상이라도 사람에 따라 아무렇지 않게 받아들일 수도 있고 아주 거슬려할 수도 있다.

실제 JD파워의 품질조사 설문지의 문항에는 이러한 감성품질까지 모두 포함돼 있었다. 과거에는 소비자 불만사항 중 고장품질이 70~80%를 차지하고 20~30%가 감성품질이었다. 그런데 기술력이 발달하다보니 고객들의 입맛도 크게 바뀌었다. 고장품질에 대한 불만이나 바람들이 점차 내려오고, 감성품질은 점점 더 올라갔다. 특히 미국시장과 같은 자동차 선진국들은 절대적 기술품질이 급격하게 올라가니 상대적 감성품질을 요구하게 됐다. 게다가 이런 현상은 점차 더 심해졌다.

이런 이유로 신 부회장은 도요타를 따라잡는 전략을 세울 때 기술품질은 물론이고 감성품질까지 잡는 것을 목표로 했다.

JD파워부터 시작한다

–

미국에서 근무하는 동안 신 부회장은 JD파워, 컨슈머리포트, 아우토빌트 등 세계적으로 유명한 품질조사기관들에 대한 연구를 했다. 이들의 소리가 곧 시장의 소리일 만큼 그 영향력이 막강했기에 반드시 뚫어야 할 분명한 목표물이었다.

이들은 소비자들의 목소리를 생생히 담아내기 위해 아주 전문적이고 세세하게 조사 항목을 설정한다. 또한 그 어떤 외부의 개입도 허용하지 않고 순수하게 소비자의 목소리만을 담아내기에 결과에 대한 신뢰성도 아주 높다. 그래서 이들의 평가 순위가 곧 자동차 품질의 순위라고 해도 과언이 아니다.

신 부회장은 이들 중 자동차 업계에서 가장 영향력 있는 품질조사기관인 JD파워부터 공략해보기로 했다. JD파워는 소비자를 대상으로 품질조사를 실시하고, 그것을 바탕으로 기업에 컨설팅을 하는 업체이다. 그래서 JD파워에서 실시하는 각종 조사의 세부항목은 물론이고, 자신들이 과거에 실시했던 품질조사 결과에 대해 해당 메이커가 요청을 하면 자료를 제공해준다. 신 부회장은 이 자료를 적극 활용하기로 했다.

JD파워는 그 명성에 걸맞게 소비자 조사의 결과에 대한 분석이 아주 세세하고 명확하다. 예를 들어, 현대차가 소비자에게 품질 면에서 지적을 받은 사항이 200건, 즉 벌점이 200점(품질문제 1건 당 벌점 1점이 추가)이면 각각의 품질문제에 대한 분석을 해준다. 설계 문제는 몇 건, 부품 문제, 생산공장 문제는 몇 건인지 등 자동차 제조와 관련된 굵직한 영역별로 문제 건수를 파악해준다. 그리고 각 영역별로 세부적인 구분도 해준다. 예컨대 생산공장의 경우, 도장공장의 문제는 몇 건, 의장공장, 차체공장의 문제는 몇 건인지와 같이 세부적인 사항도 알려준다. 결국 자료를 통해 누가 무엇을 얼마만큼 잘못했는지를 분명하게 파악할 수 있게 해주는 것이다.

신 부회장은 이 자료를 근거로 각 파트에 품질개선을 요구했다. 이때 '당신들이 이런 내용으로 벌점을 받았으니 어떻게든 알아서 개선하라'가 아닌, 개선과 해결을 위한 전사의 적극적인지원이 가능하도록 돕는 것도 잊지 않았다.

한편, JD파워의 자료를 토대로 품질을 개선시킬 때 그 자료의 내용이 정확히 이해가 안 될 때도 있었다. 즉 고객이 현대차의 이러저러한 문제들에 대해 벌점을 매겨뒀는데, 연구소나 공장, 협력사 등 그것을 개선해야 할 부문의 실무자들이 볼 때 이해가 잘 안 되는 것이 더러 있다.

개선을 하기 위해선 문제에 대한 정확한 이해가 필수이다. 그래서 문제를 제기한 소비자와의 전화설문을 통한 심층적인 분석에 들어간다. 이때 불만을 제기한 소비자를 해당 메이커가 직접 접촉을 못하니 JD파워에 의뢰해 불만의 내용을 구체적으로 파악해달라고 한다.

전화설문을 통해서도 이해가 잘 안 되는 것이 나오는 경우도 있다. 이럴 경우는 메이커는 JD파워에게 해당 문제를 지적한 소비자의 실제 차를 살피며 문제를 파악해 달라 의뢰한다. 그러면 JD파워는 고객에게 다른 차를 렌트해주고 문제의 차를 일주일 간 빌려서 문제점들을 꼼꼼히 살피고 그 정보들을 메이커에 전해준다.

JD파워를 활용할 수 있는 이런 방법론에 대해서는 경쟁 메이커들도 이미 알고 있었다. 그리고 현대차 내부에서도 이런 방법론에 대해 알고 있는 사람들이 있었다. 그럼에도 이것을 실행에 옮긴 사람은 신 부회장 밖에 없었다.

문제를 해결하기 위해서는 무엇인 문제인지 정확히 알고, 그 문제점들을 하나하나 개선시키고 해결해나가면 언젠가는 결함이 제로인, 즉 무결함의 품질을 완성할 수 있다. 그 방법론 또한 어느 정도는 공개돼 있었기에 의지만 있다면 충분히 접근 가능하다. 그럼에도 사람들은 결코 그것을 해보려 하지 않았다. 남들이 하지 않는데 굳이 내가 나서서, 안 해도 될 고생을 할 이유가 없는 것이다.

경쟁 메이커들조차 이런 방법론을 활용하지 않는 데는 사실 그만한 이유가 있다. JD파워의 품질조사의 설문이 매년 바뀌는데다가 해마다 신모델의 차가 나오고 개조차도 수시로 나온다. 결국 1년 내내 JD파워의 품질조사기준에 맞춰 품질을 개선하는 작업을 멈추지 않아야 한다는 말이다.

이처럼 번거롭고 힘든 작업을 신 부회장은 결코 포기하지 않았다. 꼴지가 1등을 하는 것은 기적에 가까우리만큼 힘들고 어려운 일이다. 하지만 그 고통과 힘겨움을 감내하고 한번 1등의 자리에 오르면 이후로는 결코 다시 꼴지로 내려가지 않는다. 1등으로 올라오는 그 피나는 노력의 과정에서 이미 스스로의 실력이 갖춰진데다 노력의 강도 또한 몸에 길들여졌기 때문이다.

미움 받는 차,
사랑 받는 차

"뭐야, 현대차잖아! 마음에 안 들어. 이것도 벌점, 요것도 벌점, 저것도 벌점!"

"오호, 도요타잖아! 이 정도 잡티는 애교지. 괜찮아, 괜찮아!"

품질로 도요타를 이기는 것 외에도 신 부회장이 JD파워 품질기법의 공략을 포기하지 않았던 또 다른 이유가 있다. 바로 소비자들의 선입견을 깨부술 필요가 있었기 때문이다.

당시 미국의 소비자들은 현대차이기 때문에 벌점을 주는 경우도 많았다. 같은 현상이 벌어져도 도요타는 품질 좋은 차라는 인식이 강하기 때문에 그냥 넘어가 줄 일을 품질 나쁜 차인 현대차에는 잊지 않고 벌점을 매겼다. 미운털이 단단히 박힌 것이다.

원죄는 현대차에게 있었으니 소비자를 탓할 수는 없었다. 그저 언젠가는 현대차라서, 현대차이기에 마냥 예뻐 보이는 그날이 오기만을 바랄 수밖에 없었다. 그리고 그것은 막연한 기다림이 되어서는 안 됐다. 혁신적인 노력만이 혁신적인 결과를 가져오기에 그간의 노력에 몇 곱절의 강도와 속도를 붙여야 했다.

'나를 죽이지 않는 역경은 나를 키운다'는 니체의 말처럼 현재의 역경은 도약의 시작점이며 혁신의 출발점이다. 신 부회장은 소비자들의 머릿속에 박혀 있는 '현대차는 나쁜 차'라는 인식을 깨부수고 더 나은 물결에 올라타기로 했다. 이전보다 훨씬 강도 높은 노력을 필요로 하겠지만 현대기아차가 5년 안에 도요타를 따라잡고, 나아가 글로벌 탑이 되기 위해서는 반드시 거쳐야 할 과정이기에 결코 포기할 수 없었다.

1점이 모여 미운점이 된다

제품의 품질은 크게 세 개의 축으로 나뉜다. 연구소의 설계품질, 생산공장의 제조품질, 협력업체의 부품품질이 바로 그것이다. 2002년 당시 현대기아차는 이 세 축 모두가 제대로 서 있질 못했다. 시스템은 물론이고 그 안에 있는 사람들 역시 과거의 잘못된 방식을 그대로 이어왔다. 품질경영을 외치며 변화와 혁신을 요구하는 리더의 강력한 의지에도 불구하고 회사가 이렇다 할 성과를 내지 못한 이유 중 하나였다.

연구소의 제품품질과 협력업체의 부품품질은 기술적인 부분과 엮여있기에 장기적인 시각으로 접근해야 할 문제였다. 하지만 생산공장의 제조품질은 작업자의 마인드가 가장 중요한 요인으로 작용하기에 단기간 내에 큰 성과를 낼 수 있는 부분이었다. 이런 이유로 신 부회장은 JD파워의 품질평가 항목을 활용해 제조품질부터 개혁하기로 했다.

당시 현대차는 애초에 설계가 잘못돼서 고장이 나는 부분도 있었지만 제조과정에서의 실수나 잘못으로 품질이 떨어지는 부분도 많았다. 특히 미국과 같은 선진 시장에서는 바람소리가 난다, 잡소리가 난다, 스크레치가 나 있다, 페인트가 벗겨진다, 변색이 된다 등 소비자의 기분을 상하게 할 만한 요소들이 많이 지적됐다. 그리고 이런 사소한 문제들이 모여 결국 '현대차는 나쁜 차'라는 이미지를 굳히고 있었다.

JD파워의 품질평가 항목은 노조강성인 현대차 울산공장을 이끌어가기에 아주 유용한 도구였다. 〈5년 안에 도요타를 따라잡는다〉는 회사의 목표가 분명한 만큼 신 부회장은 현장 직원들에게 JD파워의 품질평가 항목을 조목조목 보여주며, 이 모든 것에서 벌점을 받지 않아야지만 도요타를 이길 수 있음을 일깨워줬다. 더불어 소비자의 인식 속에 강하게 눌러앉은 현대차에 대한 선입견을 지우기 위해서는 더 큰 노력이 필요함을 설파했다.

"이런! 페인트 입힐 때 먼지가 하나 들어갔군요. 이래서야 어찌 현대차는 나쁜 차라는 소비자의 인식을 바꿀 수 있겠습니까?"

"페인트에 먼지 하나 앉았다고 차가 안 굴러가나요? 차 굴러가는 데는 끄떡없습니다."

당시만 해도 한국은 감성품질에 대한 개념이 약했던 때라 페인트에 먼지 하나 들어가는 게 뭐 그리 대수냐는 생각이 강했다. 하지만 미국의 소비자들은 이미 선진 자동차 문화에 익숙해진 터라 자동차의 사소한 흠집 하나도 그냥 넘기지 않았다. 이물질이 앉은 채로 도장이 됐으니 차를 다시 바꿔달라고 요구할 정도이다.

"이 항목 안 보이세요? 도장에 요만한 흠집 하나만 있어도 벌점 하나가 훅 올라갑니다. 소비자가 우리 차에 불만을 제기한다고요! 별것 아니라고 무시했다간 절대 도요타를 따라잡지 못합니다!"

JD파워의 품질평가 항목에서는 도장의 작은 흠집 하나도 1점, 문짝이 틀어진 것도 1점, 실내가 지저분한 것도 1점, 시트에 주름이 진 것도 1점이다. 이처럼 아주 디테일한 평가항목들이 객관적인 기준으로 나와 있는데다 〈5년 안에 도요타를 따라잡는다〉는 절대과제가 있으니 현장직원들로선 신 부회장의 지시를 따르는 것 외엔 별도리가 없었다.

하나에서 열까지 일일이 들여다보며 챙겨야 하기에 여간 힘이 드는 일이 아니었다. 하지만 현대차의 품질을 글로벌 상위권으로 끌어올리기 위해서는 반드시 거쳐야 할 과정이었다. 꼼꼼하고 세세하게 해주지 않으면 점수를 잘 받을 수가 없으니 작업자들 옆에 바싹 붙어서 하나하나 지적해주어야 했다.

물론 그렇다고 해서 현장직원만 다그치며 몰아붙인 것은 아니다. 아주 사소한 문제라도 그것의 원인을 철저히 밝히고 전사가 함께 해결할 수 있도록 도왔다. 예컨대 도장 쪽의 문제인 경우, 생산시설이 잘못된 것이지, 사람의 문제인지, 재료의 문제인지에 대해 꼼꼼히 밝히고 원인을 제공한 부문에 개선을 요구했다. 이처럼 문제가 발생될 때마다 하나에서 열까지 모두 분석을 해서 기술적인 부분에서의 지원을 아끼지 않았다.

한편 신 부회장은 현장에서의 디테일한 가르침과 더불어 작업자들의 마인드 교육도 잊지 않았다.

"품질에는 중요한 것과 가벼운 것이 따로 없습니다. 주행 중 시동이 꺼지는 중요한 문제도 1점이고 페인트에 내려앉은 먼지 하나도 1점입니다. 이 1점, 1점들을 모두 잡아나가지 않으면 결코 도요타를 이길 수 없습니다."

목적지가 분명하고, 그것에 이를 수 있는 길을 찾았다면 성큼 걸음을 떼야 한다. 그런데 출발 전에 우리가 왜 그곳으로 가야하는 지에 대해 모두를 이해시킬 필요가 있었다. 작은 먼지 하나가 어떻게 현대차의 목을 죌 수 있는지를 이해한다면 굳이 곁에서 지켜보지 않아도 알아서 잘 하기 때문이다.

세상의 중심에서 태극기를 휘날리다

—

2004년 4월, 현대차가 세상의 중심에서 태극기를 휘날렸다. 뉴욕 타임즈는 '품질 최상위권에 진출한 현대'라는 제목의 기사와 함께 항구에서 선적을 기다리며 늘어서 있는 현대차 그리고 그 위로 위풍당당하게 휘날리는 태극기의 모습을 사진으로 담았다.

2004년 4월, JD파워의 북미 초기품질조사에서 현대차가 도요타를 누르는 놀라운 일이 벌어졌다. 지난 2002년 선언한 〈5년 안에 도요타를 따라잡는다〉는 현대차의 목표를 3년이나 앞당긴 엄청난 성과에 모두가 입을 다물지 못했다. 오죽하면 세계 언론이 〈사람이 개를 물다!〉, 〈지구는 편평하다!〉는 제목을 내걸며 절대 일어날 수 없는 기적과도 같은 일이 벌어졌다고 했을까.

2004년 JD파워의 북미 초기품질조사 일반 브랜드 부분에서 현대차가 4위를 차지하며 도요타를 한 순위 앞섰다(고급 브랜드 포함 전체 브랜드 순위는 현대차 7위, 도요타 8위). 메이커 순위에서는 도요타의 프리미엄 브랜드인 렉서스가 포함되는 탓에 도요타가 1위, 현대차가 아깝게 2위를 차지했다. 하지만 이 역시도 대단한 쾌거였다. 게다가 현대차의 성과는 여기에 그치지 않았다. 같은 해 JD파워가 실시한 초기품질조사에서 현대차의 뉴EF쏘나타가 105점으로 중형차 부분 1위를 차치했다.

산업 평균에도 미치지 못하던 실력이 브랜드 평가에서 도요타를 이긴 것은 물론이고, 메이커 평가에서 세계 2위를 차지하고 중형차 부분 1위까지 자지했으니 세계 언론은 현대차가 이룬 기적과도 같은 성과에 너나없이 박수를 보냈다.

현대차의 경이로운 성장과 성과에 대해 가장 많이 놀란 것은 다름 아닌 현대차 직원들이었다. 2002년 당시, 〈5년 안에 도요타를 따라잡는다〉는 신 부회장의 선언에 대해 '말도 안 되는 미친 소리, 헛소리'라는 뒷말까지 들려왔을 정도로 현대차 직원들은 스스로의 능력을 믿지 못했다.

"뭐야? 우리가 정말 해낸 거야?"

"어, 하면 되네?"

"엉뚱한 소리인 줄 알았더니 진짜 해냈네!"

애초의 목표를 3년이나 앞당겨 스스로 약속을 지켜내니 현대차 내부의 분위기는 180도 바뀌었다. 서로를 칭찬하고 격려했으며, 스스로를 자랑스러워했다. 그리고 우리가 어떻게 그걸 해내느냐는 부정적인 생각은 뭐든 할 수 있다는 자신감으로 바뀌었다.

이런 내부로부터의 변화는 곧 성과로 이어졌다. 판매가 급격하게 늘어난 것은 물론이고, 품질 또한 꾸준히 상위권을 유지했다. 2006년과 2009년에 JD파워의 신차품질조사 일반브랜드 순위에서 1위를 차지해 현대차의 위력을 과시했다.

한편, 현대차 품질의 성과들이 하나둘 드러나자 도요타가 현대차를 경계하기 시작했다. 2004년 말에는 도요타가 현대차에 각사의 핵심공장을 서로 공개해서 상호벤치마킹을 하면 어떻겠느냐는 제의도 해왔다. 뿐만 아니다. 현대차의 신차가 나오면 도요타는 기다렸다는 듯이 30~40대씩 대량으로 구매해갔다. 직접 타보고 분해해보면서 현대차를 연구하겠다는 의도이다.

현대차의 실력은 도요타의 성을 허물기에 충분했다. 실력은 곧 힘이 됐고, 힘은 그동안 굳건히 지켜져 오던 시장의 판세까지 바꿔놓았다. 물론 실력은 꾸준함이 뒷받침 되지 않으면 언제든 다시 무너질 수 있는 것이다. 때문에 현대기아차는 2004년의 기적과도 같은 승리를 새로운 도약의 발판으로 삼기로 했다.

모두가 움츠린다,
더 높게 날아라

산을 오르다보면 몇 번의 고비를 만나게 된다. 예상치 못한 험난한 여정과 만나기도 하고, 반복되는 걸음에 지루함이 다가오기도 하며, 몸이 느끼는 힘듦에 체력적인 한계를 느끼기도 한다. 그럴 때마다 다시 걸음을 떼게 하는 것은 반드시 이 산을 정복하고야 말겠다는 강한 목표의식이다.

기업도 마찬가지다. 조직이 한 방향으로 나아가다보면 전진이 더뎌져 침체기에 빠지기도 하고, 너무 힘껏 달려간 나머지 탈진 상태가 되기도 한다. 또 외부적인 변화와 위기로 난기류에 휘말리기도 한다. 이럴 때 필요한 것이 모두가 다시 '으쌰! 으쌰!' 할 수 있는 힘찬 구호이다.

산을 오르는 것이야 잠시 쉬었다 가도 그만이지만 많은 이들의 생존이 걸린 기업은 다르다. 힘찬 구호를 외치며 다시 목표지점을 상기시켜주고 힘을 내자고 응원해야 한다. 전진만이 살 길이기 때문이다.

"우리 현대기아차는 앞으로 3년 이내에 전 세계 자동차 회사들 중에서 실질품질 3위권 안에 들어가고, 5년 이내에 인지품질 5위권 안

99

에 들어가야 합니다."

"그게 가능한 말입니까? 지금 자동차 업계는 전 세계적으로 불황입니다. 우리도 몸을 바싹 낮춰야 합니다."

2008년, 신 부회장은 〈GQ-3·3·5·5〉라는 혁신적인 전략을 선언하며 '3년 이내 전 세계 자동차 회사 실질품질 3위권 안에 들어가고 5년 이내 인지품질 5위권 안에 들어간다'는 새로운 목표를 설정했다. 2002년의 '5년 안에 도요타를 따라잡는다'던 목표만큼이나 황당한 선언에 현대기아차 내부에서도 너나없이 고개를 내저었다.

2008년 글로벌 금융위기로 내로라하는 글로벌 기업들이 존폐의 위기에 처하게 된다. 자동차 업계라고 예외는 아니었다. 절대 무너질 것 같지 않았던 도요타와 GM 조차 10% 이상이나 판매가 급감했다. 타 메이커들 역시 투자를 줄이고 인원을 감축하는 등 몸을 움츠리는 것으로 생존의 길을 모색해갔다. 이런 상황에서 혁신에 가까운 도전적인 목표를 제시하니 다들 혀를 내두를 밖에...

〈GQ-3·3·5·5〉 전략으로 위기를 기회로!

—

진짜 영웅은 난세에 난다고 한다. 모두의 위기를 나의 기회로 만들기 때문이다. 신 부회장은 모든 경쟁사가 움츠려드는 이때, 현대기아차는 한껏 날개를 펼치며 더 높이 날아보자고 했다. 경쟁사들이 힘들어하는 지금이야말로 현대기아차의 저력을 보여줄 때라고 판단한 것이다.

신 부회장은 〈GQ-3·3·5·5〉 전략으로 현대기아차를 끌어가기로 했다. '품질을 개선하자! 생산성을 올리자!'라는 막연한 구호만으론 모두를 한 방향으로 이끌기엔 역부족이다. 조직이 커질수록 좀 더 구체화된 전략과 방법론이 있어야 한다.

2000년 정몽구 회장의 품질경영 선언 이후 현대기아차는 꾸준한 품질혁신을 통해 제품의 실질품질은 지속적으로 좋아지고 있었다. 하지만 인지품질, 즉 고객 머릿속에 심어진 현대기아차의 품질은 제자리걸음이었다. 특히 현대기아차를 직접 경험해보지 않은 고객들은 여전히 품질 나쁜 차라는 인식을 가지고 있었다.

고객에게 왜 우리의 실력을 몰라주느냐며 투정할 수는 없다. '노력 앞에 장사 없다'는 말처럼, 지금보다 더한 노력만이 해법이었다. 실질품질을 더욱 더 끌어올려 인지품질 수준을 견인해 가야 했다. 이런 이유로 탄생한 것이 〈GQ-3·3·5·5〉 전략이다.

품질만 우수하다면 그것을 직접 사용해본 소비자들의 만족도는 높아질 것이다. 그리고 재구매율은 물론 추천율도 높아질 것이다. 뿐만 아니다. 대외 평가기관으로부터 좋은 평가를 받을 것이고, 이는 언론을 통해 잠재고객들에게 전파될 것이다. 이 모든 것을 풀어갈 키는 결국 '품질'이었다.

현대기아차는 〈GQ-3·3·5·5〉 전략의 성공적인 추진을 위해서 개발, 생산, 부품, 판매 등 각 부문의 품질 지수별 목표를 더욱 강화했다. 그리고 〈GQ-3·3·5·5〉 전략을 추진하는 5년 마스터 플랜을 수립하고, 각 부문별로 매년 달성해야 할 목표치를 부여해 그것을 달성해가도록 독려했다.

지난 몇 년 간의 현대기아차 품질문제에 대한 모든 정보들이

GQMS에 저장 되고 데이터뱅크화가 되어 있었기에 각 부문의 문제들을 더욱 명확하게 알 수 있었다. 이것을 각 부문에 분배해서 다시 수정하고 개선함으로써 품질을 바로잡아갔다.

각 부문별로 목표치를 얼마나 달성했는지에 대한 점검과 평가제도도 꼼꼼히 마련해 두었다. 그리고 인센티브 제도를 도입하여 목표를 성공적으로 달성한 우수 부문에는 포상을 통한 격려도 잊지 않았다. 또한 우수 사례는 적극적인 홍보를 통해 전 부문으로 수평 전개되도록 했다.

한편 〈GQ-3·3·5·5〉 전략 추진의 신속성과 효율성을 더하기 위해 전사 통합 TFT를 구성했다. 이를 통해 각 부문의 목표 달성 정도에 대해 꾸준히 점검하는 것은 물론, 업무추진과 관련된 타 본부 협력 사항 등에 대해 상호 협조하고 피드백 할 수 있도록 했다.

또한 현대기아차는 국내외 관련 부문들을 대상으로 지속적인 설명회와 결의대회 등을 개최해 〈GQ-3·3·5·5〉 전략에 대한 공감과 참여를 이끌어냈다. 제아무리 좋은 전략도 모두가 함께 힘을 합치지 않으면 공허한 울림으로 끝나고 만다. 〈GQ-3·3·5·5〉 전략의 성패는 전사의 소통과 공감을 통한 적극적인 협업에 달렸다고 해도 과언이 아니었다.

2008년 연말부터 본격적인 실행에 들어간 〈GQ-3·3·5·5〉 전략은 전사 차원의 혁신적인 노력을 통해 3년이 지난 2011년까지 괄목할 만한 성과를 창출해냈다. 해외 소비자 평가기관 등에서 주는 굵직한 상들을 209건이나 받았을 뿐만 아니라 실질품질 역시 크게 상승했다.

실질품질을 객관적으로 평가할 수 있는 지표 중에 가장 대표적인 것이 JD파워의 IQS(초기품질조사_신차를 구매한지 3개월이 지난 소비자를 대상으로 하는 품질조사), VDS(내구품질조사_ 신차를 구매한 지 3년이 지난 소비자를 대상으로 하는 품질조사) 그리고 CR지(Consumer Report, 컨슈머리포트 _미국의 비영리기관인 소비자협회에서 발간하는 월간지)의 추천율이다.

우선 현대기아차의 내구품질은 2008년 세계 6위였던 것이 2011년에는 세계 3위까지 올랐다. 그리고 CR지 추천율도 전체 평가대상이었던 9개의 차종 모두가 소비자의 추천을 받아 100% 성과를 달성했다. 초기품질은 아쉽게도 기존의 6위에서 한 계단 오른 5위에 오르는 것으로 그쳤다.

결국 '3년 이내에 전 세계 자동차 회사 실질품질 3위권 안에 들어간다'던 애초의 목표를 완벽하게 달성하지는 못했다. 하지만 내로라하는 굴지의 자동차 메이커들이 존폐의 위기에 몸을 떨던, 그야말로 난세에 이뤄낸 대견한 성과임은 분명했다.

한편, 인지품질은 '5년 이내에 전 세계 자동차 회사 인지품질 5위권 안에 들어간다'던 애초의 목표에서 상당부분을 조기에 달성해냈다.

인지품질의 객관적인 평가지표 중 하나인 재구매율의 경우 2008년 세계 8위였던 것을 2011년에는 최고의 자리인 1위로 끌어올리는 쾌거를 거두었다. 뿐만 아니다. 신차구매에 큰 영향을 끼치는 중고차 잔존가치 또한 11위에서 3위로 껑충 뛰어올랐다. 이 역시 애초의 5년을 2년이나 앞당긴, 3년 만에 이뤄낸 성과였다.

A to Z, 시작점부터 끝점까지

—

〈GQ-3·3·5·5〉 전략을 통해 얻은 성과는 실질품질과 인지품질을 명실상부한 글로벌 탑 수준으로 끌어올린 것만이 아니었다. 그보다 더한 성과는 바로, 현대기아차 최초로 설계, 제조, 부품, 판매, 정비에 이르는 전 영역이 하나로 뭉쳐지면서 보여준 시너지 효과였다. 모두가 하나의 마음으로 한 곳을 향해 달려갈 때 얼마나 큰 힘을 발휘할 수 있는지, 그 능력을 확인함과 동시에 더 큰 희망까지 본 것이다.

현대기아차는 〈GQ-3·3·5·5〉 전략의 성공적인 수행을 위해 기존의 고장품질 위주의 품질전략에서 벗어나 고객의 숨은 니즈까지 만족시킬 수 있는 광의의 품질개념을 재정립했다. 또한 이미 시장에 나와서 불량이라고 문제가 터진 제품을 개선하는 것이 아닌, 양산 이전에 모든 품질문제들을 바로잡는 선행품질의 확보에 주력했다.

더불어 전략 수행의 영역 또한 혁신적으로 확장했다. 기존의 제품품질의 세 축이었던 연구소의 설계품질, 생산공장의 제조품질, 협력사의 부품품질은 물론이고 해외 판매법인과 딜러의 판매품질 및 정비품질까지, 그야말로 A에서 Z까지 전사적으로 〈GQ-3·3·5·5〉 전략을 전개해갔다.

신 부회장은 〈GQ-3·3·5·5〉 전략을 수립하며 A to Z, 즉 '제품'의 시작점인 상품의 기획과 개발단계부터 설계, 제조, 협력사 등을 거쳐 마지막 단계인 시장에 차를 파는 딜러까지 모두 개혁의 대상에 포함시켰다. 고객 불만의 요인이 '제품'이외의 것에 있을 수 있다는 점도 간과하지 않은 것이다.

시장조사기관의 품질조사 결과에는 대리점 영업사원의 태도와 고객관리까지 점수로 매겨져 나온다. 특히 세심하게 다뤄야 하는 차의 주요 기능에 대한 설명이 부족하다고 느끼는 고객들은 어김없이 벌점을 줬다. 이런 명확한 자료를 보여주며 혁신을 전개해가니 대리점들 입장에서도 협조를 안 할 수가 없다. 자신들의 잘못이나 실수로 현대기아차의 품질점수가 나빠지는 부분에 대해서는 개선의 책임을 인정하는 것이다.

물론 영업사원은 최선을 다해 설명을 하지만 고객이 그것을 제대로 이해하지 못한 데서 비롯되는 고장도 있었다. 일반 소비자뿐만 아니라 자동차 회사에 오랫동안 근무한 직원들조차 차의 올바른 사용법에 대해 100% 안다고 자신할 수는 없다. 실제로 자동차 품질에 대한 불만을 제기하는 소비자들 중엔 사용법을 제대로 지키지 않아 고장을 발생시키는 경우도 적지 않았다. 기껏 좋은 제품의 차를 만들어놔도 사용자가 잘못 사용하면 나쁜 차가 되는 것은 한순간이었다. 이런 이유로 고객과의 최접점에 있는 영업사원들의 역할이 아주 중요했다.

"고객이 꼭 알아야 할 핵심 내용을 모아 팸플릿으로 만들도록 하세요. 그리고 영업사원들은 이를 고객에게 반드시 설명을 해주고, 고객에게 설명을 들었다는 확인 사인을 받도록 하세요."

고객 접점에서의 이러한 디테일은 사소하지만 아주 중요한 부분이었다. 그래서 영업사원이 고객에게 차의 주요기능에 대해 반드시 설명을 하게 하는 강제적인 장치를 마련할 필요가 있었다. 더불어 설명을 충분히 들었다고 인정하는 사인을 받음으로써 고객에게 차를 올바르게 사용할 책임감을 부여할 필요도 있었다.

차량의 올바른 사용법에 관련된 핵심 내용을 담은 '핵심사용설명서'의 효과는 기대 이상이었다. 영업사원의 친절한 설명과 더불어 설명서 제공 그리고 고객 확인 사인까지 받으니 자동차 사용법과 관련된 불만들이 획기적으로 줄어든 것이다. 디테일의 승리가 아닐 수 없다.

위기의 순간이라고 해서 무작정 움츠려 들 필요는 없다. 어렵고 힘든 때일수록 앞을 향해 걸어야 한다. 대신 평소보다 더 꼼꼼하고 세세하게 길을 살펴야 한다. 남들이 하지 않는 것, 하지 못하는 것을 해내야지만 진정한 도약이 가능하다.

호황을 타는 것은 비교적 쉽다. 고객이 지갑을 열 준비가 돼 있기에 웬만큼만 해도 선택받을 수 있다. 하지만 불황에 살아남고 선택받는 것은 몇 곱절로 어렵다. 고객의 지갑은 꽁꽁 닫혀 가방 깊숙이에 들어있다. 어지간해서는 결코 열지 않을 생각이다. 불황에도 멈추지 않고 성장 하는 것, 그것이 진짜 챔피언의 힘이다.

티끌 하나도
그냥 내보내지 않는다

못 하나가 없어서 말편자가 망가졌다네.

말편자가 없어서 말이 다쳤다네.

말이 다쳐서 기사가 부상당했다네.

기사가 부상당해 전투에서 졌다네.

전투에서 져서 나라가 망했다네.

15세기 영국 민요 〈For want of a nail〉의 노랫말이다. 작고 사소해 보이는 것이지만 작은 결함 하나가 얼마나 치명적인 결과를 가져올 수 있는지를 잘 보여주는 노랫말이다.

2002년, '5년 뒤 도요타를 따라잡는다'는 발칙한 선언을 했을 때부터 현대기아차는 무결점 자동차의 생산을 목표로 했다. 나사 하나도 허투루 하지 않겠다는 각오로 글로벌 시장에 재도전한 것이다.

차를 비롯한 모든 제품은 일단 결함이 발견된 이상 제아무리 정성껏 수리를 해주어도 고객은 만족하지 못한다. 불만만 겨우 줄어들 뿐이다. 막대한 비용과 시간, 노력을 들이고도 칭찬은커녕 욕만 얻어먹는다. 사후약방문이 따로 없다.

고장 난 차를 수리하는 비용, 즉 품질에 대한 실패비용(Q-Cost)이 회사를 망치고 있었지만 달리 선택의 여지가 없었다. 품질을 끌어올려 무결점의 차량을 만들어내는 그날까지 책임을 다하면서 버텨내야했다.

무결점의 차를 만들기 위해 현대차는 시각부터 달리하기로 했다. 과거 현대차는 품질 문제가 발생하면 부랴부랴 개선을 하며 품질을 끌어올렸다. 하지만 이런 사후품질개선의 접근방식은 아무리 빨라도 결국 늦었다. 질병에 걸리고 난 후 치료를 하는 것은 치료도 어렵거니와 투병으로 인한 고통과 시간, 비용을 고스란히 감내해야 한다. 그래서 예방을 하고 꾸준히 검진을 하는 것이다.

제품도 마찬가지다. 제품이 시장에 나가기 이전에 모든 결함을 잡아낸다면 비용도 절감되고 고객의 만족감도 커진다. 현대차는 사후품질이 아닌 선행품질로 시각을 전환하고 양산 전에 모든 결함을 잡아낸다는 각오로 새로운 도전을 시작했다.

우리에겐 하이비스가 있다

—

"결함을 가진 차는 단 한 대도 공장 밖으로 나가서는 안 됩니다!"

고객의 입장에서 들으면 너무나 당연한 말이지만 생산자 입장에선 여간 힘든 일이 아니다. 사람인 이상 실수도 하기 마련이니 100% 완벽을 기해야 한다는 것은 불가능에 가까운 일이 아닐 수 없다.

동일한 업무를 하는 작업자라고 해도 사람마다 그 숙련도에 따라 결과물의 품질이 다를 수 있다. 또한 제아무리 숙련된 기술을 가진 작업자라고 해도 그날그날의 컨디션에 따라 결과물의 품질이 다를 수 있다. 이처럼 인간의 영역을 벗어난 부분에서의 실수와 오류를 잡아내고 결과물의 완성도를 높이기 위해 필요한 것이 기계이다.

"사람이 못하면 기계의 도움을 받아야지요."

신 부회장은 미국 주재시절부터 차량 고장을 진단하는 기기인 HDS를 비롯해 차량용 블랙박스를 개발하는 등 품질의 확보를 위해 기계를 적극 활용했다. 귀국 후에는 아산공장과 울산공장 등에서 근무하며 현장 작업자들의 숙련도와 완성도를 높여줄 장치 역시 기계를 통한 보완임을 절감했다. 즉, 사람과 기계가 힘을 합친다면 제품의 품질을 더욱 높일 수 있다고 판단한 것이다.

"제조품질을 확보할 수 있는 무언가가 필요해…."

2009년 신 부회장은 울산공장을 둘러보며 깊은 한숨을 내쉬었다. 회사는 선행품질확보를 외치며 무결점의 차를 만들자고 목표했지만 사람에 의존한 작업은 한계가 뚜렷하게 드러났다.

신 부회장은 사람이 하지 못하는 부분을 대신해줄 장치의 필요성을 절감했다. 작업 상황이나 작업자의 컨디션과는 무관하게 제품의 상태를 꼼꼼히 점검해줄 기계와 시스템이 있다면 무결점 차량의 생산은 결코 불가능한 일이 아니었다.

기존에는 차량 생산과 관련된 각 공정 별로 일일이 수작업으로 품질검사를 했다. 그리고 문제가 없다고 판단되면 다음 공정으로 내보냈다. 하지만 이 과정에서 검사자의 컨디션이나 실수 등으로 인해 불량이 완벽하게 걸러지지 않았다. 게다가 검사결과가 수기로 관리되니 불량인 부분이 개선되지 않은 상태로 다음 공정으로 넘어가는 일까지 발생했다. 또한 불량과 관련된 데이터들이 축적돼 이후 품질 개선을 위한 의미 있는 정보로 재탄생되지도 못했다.

생산과정에서의 인간의 실수, 즉 휴먼에러에 대한 보완을 위해 탄생된 시스템이 바로 현대기아차의 '지능적인 검사시스템'인 하이비스(HIVIS; Hyundai Intergrated Vehicle Inspection System)이다.

하이비스는 작업자가 실수를 하게 되면 실시간으로 상황이 체크된다. 생산라인에 센서를 부착해서 어떤 공정에 무슨 문제가 발생했는지 일일이 정보가 뜨는 것이다. 그리고 일단 문제가 있다고 지적된 사항은 수정하지 않는 한 다음 공정으로 넘어갈 수 없다. 즉, 해당 문제에 대한 조치를 취했다고 담당자가 입력을 해야지만 다음 공정으로 넘어갈 수 있다. 문제를 가진 차는 개선을 완료하지 않고는 단 한 대도 빠져나갈 수 없게 된 것이다.

뿐만 아니다. 이 모든 과정이 실시간으로 기록되고 모든 데이터는 축적돼 관리되기에 책임여부도 분명하다. 또한 같은 실수를 반복하지 않도록 결함과 관련된 정보를 실시간으로 해당 공정에 피드백하기 때문에 작업자가 더 주의를 기울일 수 있다. 덕분에 불량률이 현저히 낮아져 생산성이 높아지는 성과도 가져왔다.

현대기아차의 '품질완결시스템'인 하이비스는 2011년 1월 러시아 공장에 최초로 도입됐고, 그 결과는 기대 이상이었다. 러시아공장은 양산 일주일 만에 생산 합격률 95%를 달성했고, 이듬해에는 〈품질최우수공장〉으로 선정됐다. 이후 미국, 인도, 체코, 중국, 터키, 브라질 등 현대기아차의 모든 해외공장에 하이비스를 적용했고, 현재까지

품질과 생산성 모두 만족할만한 성과를 창출해내고 있다.

아쉽게도 현재 하이비스는 국내에선 일부 공장에만 도입돼 적용중이다. 현장직원들은 하이비스가 '작업자 감시와 통제'를 위해 개발된 시스템이라 오해하고 적용을 반대한 것이다. 하지만 실제 이 시스템을 적용하고 있는 국내 일부 공장이나 해외공장 그리고 협력사들 모두가 아주 만족스러워 한다.

하이비스는 품질 향상과 생산성 향상이라는 명백한 결과를 통해 그 정체성을 분명하게 보여준다. 또한 사람의 실수나 잘못에 대한 질책이 목적이 아닌 더 나은 품질, 나아가 완벽한 품질의 제품을 생산하기 위한 보완용 시스템인 만큼 그 필요성에 공감하는 것이다.

무결함, 인간이 도전하고 IT가 보완한다
—

길을 찾는 것은 눈이 아닌 마음이다. 필요를 느끼는 결핍의 마음만이 채울 수 있는 무언가를 찾게 만든다. 신 부회장은 제조품질의 확보를 위해서는 하이비스 외에 또 다른 장치들이 필요함을 깨닫게 된다.

"이 부분은 작업자의 실수가 아니군요. 기계가 문제를 일으킨 것이니 하이비스만으론 역부족이에요. 기계의 결함을 미리 알 수 있는 장치가 필요하겠어요."

제조과정에서의 사람의 실수나 오류는 하이비스가 잡아내어 보완한다지만 생산설비의 오류는 어떻게 잡을지가 품질확보를 위한 새로운 과제로 떠올랐다. 이전까지 생산설비를 비롯한 모든 장비는 문제가 생기면 고치는 식의 해결을 해왔다. 때문에 문제가 발생한 설비를 고치는 동안 생산라인은 가동을 멈추거나 다른 장비로 대체하는 등의 불편함을 겪어야 했다. 게다가 겉으로 드러난 문제가 발생하기까지의 작고 미미한 오류들로 인해 품질문제가 발생할 위험도 컸다. 신 부회장은 생산설비의 품질도 선행하여 잡아내기로 했다. 문제가 발생하기 이전에 미리 점검하고 보완하는 것이다.

"생산설비에 센서를 심어서 기계의 이상 유무를 항상 모니터로 체크하세요. 그리고 이상이 감지될 시 무조건 점검에 들어가세요."

예를 들어 A라는 생산설비가 평소보다 온도가 높아질 경우, 그 정보가 실시간으로 모니터에 뜨게 된다. 이를 확인한 담당자는 해당 설비가 작동을 하지 않는 시간을 활용해 구체적인 점검에 들어간다. 겉으로 드러난 큰 문제는 없지만 미미한 온도 변화나 진동 등 장비의 이상 유무를 실시간으로 체크해서 생산설비의 선행품질을 확보하는 것이다.

IT 기술이 발달하면서 이와 같은 장비의 개발은 그다지 어려운 일이 아니게 됐다. 단지 누가 먼저 그 필요성을 느끼고 개발해서 사용하느냐에 따라 남들과는 확연히 다른 결과를 창출할 뿐이다.

무결점 자동차를 위한 현대기아차의 노력은 이후에도 계속 됐다. 제조 단계에서 완벽을 기했다고는 하지만 실제 주행에서는 어떤 변수가 드러날지 모른다. 그래서 양산이 끝난 모든 차량은 시험주행을 마친 뒤에 시장으로 나간다. 그런데 이전까지는 생산라인에서 차를 생산하게 되면 작업자가 일일이 주행장을 돌며 시험주행을 했다. 차량 한 대 한 대를 모두 직접 타보며 차에 문제가 없는지를 살피는 것이다. 그런데 사실 이런 시험주행에서 사람이 점검할 수 있는 것은 제한적이다.

"괜찮은 것 같아요."

"별 문제는 없는데요."

그냥 주행장 한 바퀴를 돌고는 별 문제가 없으면 통과가 된다. 게다가 사람의 감각에 의존한 판단은 어설플 수밖에 없다. 명확한 기준 없이 작업자의 감에 의존해야 하기 때문이다. 더군다나 그날의 컨디션이 좋지 않으면 문제를 잡아내는 감각까지 떨어지게 된다. 이는 인간인 이상 어쩔 수 없는 부분이다.

신 부회장은 이를 보완해주는 것 역시 기계의 역할이라 판단하고 '스마트박스'를 개발한다. 차에 스마트박스를 꽂은 후 주행을 하면 기계는 그 차가 가지고 있는 고유한 특성 값을 다 끄집어내어 저장을 한다. 주행장을 한 바퀴 다 돈 후 작업자는 이 스마트박스를 가져와 메인 컴퓨터에 연결하면 된다. 이때 냉각수 온도, 산소센서. RPM 등 해당 차량의 주행기능과 관련된 모든 정보들이 컴퓨터에 입력되고, 컴퓨터는 이를 바탕으로 차량의 결함 여부를 밝혀낸다. 사람의 감각과 주관적인 판단에만 의존하던 것을 기계와 컴퓨터의 객관화된 기준으로 측정하고 판단하는 것이다. 그 결과 정확도가 완벽에 가까울 정도로 올라갔다.

'스마트박스'의 놀라운 기능은 여기에 그치지 않는다. 기존 설계 단계에서 설정한 고장 기준보다 훨씬 더 엄격하게 적용이 되어 잠재성 고장까지 잡아냈다. 예컨대 기존에는 센서에 4번 이상 파행이 느껴져야 고장이라고 판명되던 것을 스마트박스는 단 한 번의 이상 파행만으로도 정상이 아님을 가려내 잠재성 고장을 알려준다. 차가 시장에 나가기 전에 이런 엄격한 기준으로 이상 유무를 판단해주니 불량이 유통될 가능성을 획기적으로 줄여주는 것이다.

무결점의 제품을 만드는 것은 화려한 구호나 넘치는 의욕만으론 불가능하다. 매순간 사용자의 마음으로 제품을 들여다보며 그들이 불만을 가질 수 있는 모든 요소들을 찾아내 선행하여 점검해야 한다. 또한 인간인 이상 실수할 수 있다는 것을 인정하고 그것을 보완할 수 있는 다양한 장치들을 마련해두어야 한다.

품질의 자신감, '10년 10만 마일'

—

1999년 정몽구 회장은 미국에서 판매되는 현대차의 품질보증(warranty)을 '10년 10만 마일'로 확장 시행하는 초강수를 두었다. 미국시장의 중요성을 잘 알았기에 어떻게든 판매의 전환점을 마련해보려 한 것이다.

'10년 10만 마일'의 품질보증은 고객에겐 꽤나 매력적인 제안이었다. 하지만 메이커 입장에선 엄청난 비용손실을 감내해야 하는 위험천만한 전략이었다. 폭스바겐, 크라이슬러 등 글로벌 메이커들도 한때 '10년 10만 마일'을 시행한 적이 있었다. 하지만 비용이 너무 많이 들어가니 점차 그 기간을 줄여갔다. 당시 현대차는 품질이 글로벌 평균 이하의 수준이었으니 더더욱 리스크가 컸다.

현대차는 미국시장 진출 이후 판매가 급감할 때마다 품질보증기간을 3년, 5년, 7년까지 지속적으로 늘였다. 그럼에도 별다른 반전은 없었다. 결국 마지막 카드인 '10년, 10만 마일'을 꺼내들었다. 물론 현대차가 '10년 10만 마일'의 품질보증을 실시한 것은 저품질에 대한 책임의 의미만은 아니었다. 어떻게든 품질을 끌어올리겠다는 강력한 의지의 표현이기도 했다.

"품질 보증기간을 내려야 합니다. 현재 글로벌 메이커들 중에 10년 10만 마일을 보증하는 회사는 현대차가 유일합니다."

2002년 신 부회장이 품질총괄본부에서 경영실장으로 일할 때였다. 현대기아차 내부에서는 미국시장에서 시행하고 있던 '10년 10만 마일'의 품질보증을 축소하자는 목소리가 높았다. 가뜩이나 판매가 부진한데 품질보증비용까지 과하게 발생하니 글로벌 시장의 추세에 맞게 조금씩 낮추자는 것이다. 하지만 신 부회장의 생각은 달랐다.

10년 10만 마일은 계속 유지해야 합니다. 현재 미국시장에서 우리 현대차의 강한 매력점이 '10 년 10만 마일'의 품질보증인데 그것마저 줄인다면 우리는 다시 위기를 겪게 될 겁니다."

신 부회장은 '10년 10만 마일'은 계속 유지하되, 품질을 획기적으로 끌어올린다면 품질보증비용은 줄어들 것 아니냐며, '품질'이라는 본질에 더욱 집중하자고 했다. 물론 그렇다고 해서 무작정 '10 년 10 만 마일'을 유지하자는 것은 아니었다.

"현재는 10년 10만 마일이 강한 매력으로 작용해서 고객이 우리 차를 사지만 언젠가는 현대기아차의 품질을 보고 차를 사게 될 겁니다."

신 부회장은 품질에 대한 정몽구 회장의 의지가 확고한 만큼 분명 빠른 시일 내에 현대기아차의 품질이 글로벌 수준으로 향상될 것임을 확신했다.

"우리가 품질만 끌어올린다면 분명 멀지 않은 그날, 고객은 현대기아차에 대한 신뢰로 우리를 선택할 겁니다. 그러니 그때까지는 10년 10만 마일을 그대로 유지하며 버텨야 합니다."

품질만이 유일한 출구였다. 품질이 나쁜 차를 팔았으니 무상 수리 기간을 늘여서라도 책임을 져야 했다. 하지만 책임을 다하기엔 그 비용이 너무나 막대했다. 이러지도 저러지도 못하는 딜레마에 빠진 듯했지만 분명 출구는 있었다. 품질만 획기적으로 끌어올린다면 책임과 비용의 딜레마에서 온전히 탈출할 수 있었다.

이후로 현대기아차는 미국시장에서 '10년 10만 마일'의 품질보증을 계속 유지했고, 현재까지도 이어지고 있다. 1999년 처음 시행 후 20년 가까이 유지하고 있는 셈이다. 하지만 상황은 그때와 완전히 달라졌다. 끊임없는 품질혁신을 통해 현대기아차의 품질은 명실상부한 글로벌 탑 수준이 됐다. 품질이 좋아지니 고장도 현저하게 줄었고, 품질보증을 위한 비용 또한 확연히 줄어들었다.

'10년 10만 마일'의 시작은 생존을 위한 어쩔 수 없는 선택이었다. 하지만 현재 현대기아차의 '10년 10만 마일'은 품질에 대한 자신감의 상징이 됐다. 게다가 2017년에 현대차는 미국시장에서 또 한 번의 초강수를 둔다. 신차를 구입 후 마음에 들지 않으면 3일이 경과하지 않았을 시 전액 환불해준다는 '3일 머니 백(3-day money back guarantee)' 프로그램이 바로 그것이다. 파격적인 제안만큼이나 염려의 목소리도 높지만 현대차는 이 정책을 미국 전역으로 확장해갈 예정이다. 품질에 대한 자신감이 크다면 품질보증에 인색할 필요가 없음을 아는 것이다.

품질도
선행이다

세계적인 특송업체 페덱스에는 1:10:100의 법칙이라는 것이 있다. 제품이나 서비스에 문제가 발생한 경우 이를 즉각 수정하는 데는 1의 원가가 들지만 문책에 대한 두려움 등의 이유로 이를 숨기고 그대로 기업의 문을 나갈 경우 10의 원가가 들며, 이것이 고객의 손에 들어가 클레임이 발생되면 100의 원가가 든다는 것이다.

국내 건설업체 등에서는 이를 1:10:100:1000의 법칙으로 활용하기도 한다. 설계단계에서 문제를 발견하고 수정할 경우 1의 원가로 해결할 수 있지만 다음 단계로 넘어가는 순간 문제해결을 위해 각 10 배수의 비용이 발생된다는 것이다.

문제해결을 위한 비용도 비용이지만 신뢰회복을 위한 비용역시 상상 이상으로 발생된다. 기껏 쌓아올린 품질에 대한 고객의 신뢰를 한순간에 잃었으니 다시 그만큼의 신뢰를 쌓기까지의 시간과 비용을 계산해 본다면 천문학적인 숫자이다.

"현대차 신차는 출시 후 최소 6개월은 지난 뒤에 사야 그나마 고장이 덜 난대."

1990년대만 해도 현대차의 신차가 출시되고 최소 6개월은 지나야 품질이 그나마 봐줄만 하다는 생각이 강했다. 양산 이후에 지속적으로 품질문제가 터지고 그것을 개선해서 품질이 안정되려면 최소 6개월은 걸린다는 것이다.

그도 그럴 것이 신차가 개발되고 양산되기까지 설계, 구매, 생산, 품질 등 각 부문의 이해관계의 충돌이 잦았고, 문제 발생 시 그것을 해결하는 과정에서의 좌충우돌도 피할 수 없었다. 이 모든 과정이 현대기아차의 품질확보를 더디게 만들고 있었다.

고객만족, 개발부터 준비한다

—

페덱스의 1:10:100의 법칙처럼 문제는 조기에 발견하고 해결하는 것이 가장 적은 비용이 든다. 하지만 더 바람직한 것은 아예 문제가 발생하지 않도록 하는 것이다. 첨단장비 등을 통해 제조단계에서의 문제를 잡아내고 개선한다지만 이 역시 개선을 위한 시간과 비용이 소요될 수밖에 없다. 그렇다면 결국 각 단계에서 문제 발생을 사전에 막는 것이 가장 바람직하다. 즉, 개발단계, 부품생산단계 등 제품 생산과 관련된 모든 단계에서 애초에 문제가 생기지 않도록 더 치밀하고 꼼꼼하게 살피는 것이다.

"이미 제품이 시장에 나간 뒤에 문제를 발견하고 개선한다는 것이 말이 됩니까! 무슨 수를 써서라도 신차 개발단계에서 모든 문제를 잡아내서 선행품질을 확보하세요!"

정몽구 회장은 신차 개발 시 전 부문이 협력해서 품질 문제를 모두 잡아내고 개선할 수 있는 품질확보의 집결지를 만들라고 지시했다. 그 결과 신차개발 품질확보활동의 중심지인 파일롯트센터가 건립됐다.

파일롯트센터는 2002년 모든 제조시설을 갖춘 1동의 완공에 이어 2005년에 2동을 추가로 신설했다. 이곳에서 설계, 부품, 생산 부문의 주요 담당자와 직원들이 모여 시작차를 제작하며 문제를 찾고 개선점을 도출해내는 등 의견을 교환했다. 또한 시작차 조립 시 실제 생산라인처럼 컨베이어에 차를 올려 라인생산을 하니 함께 참여한 작업자들이 자연스레 신차조립방식을 습득하고 훈련하게 돼 교육의 효과도 컸다.

이런 노력의 결과로 생산공장 초기 가동률 및 조립합격률이 현저히 향상됐고, 신차를 일찍 구매한 소비자들의 불만 또한 크게 줄어들었다. 파일롯트센터 설립 후에 생산된 북미 수출용 투싼은 2004년 JD파워의 초기품질지수 조사에서 99점을 얻어 SUV부문 최고 기록을 달성하기도 했다.

"이제는 양산 이전의 단계에서 고객의 감성품질까지 완벽하게 잡아내야 합니다."

2000년 이후 급격한 기술 발달과 인터넷 보급의 확산에 따라 고객의 니즈도 점점 다양해지고 한층 더 까다로워졌다. 특히 메이커들의 기술품질이 상향평준화되자 고객 선택의 기준은 자연스레 감성품질로 옮겨가고 있었다.

현대기아차는 2004년 도요타를 따라잡은 이후 세계 시장에서 점차 그 실력을 인정받아 가고 있었다. 하지만 진정한 글로벌 탑이 되기 위해서는 세계 최고 수준의 기술품질을 확보하는 것은 물론이고 고객의 디테일한 니즈까지 반영한 감성품질 또한 최고 수준으로 향상시켜야 했다.

이에 현대기아차는 2011년 파일롯트센터에 품질확보동을 새롭게 건립했다. 그간 신차 출시 초기의 고장을 줄이는 기술품질 확보에 주력했던 파일롯트센터의 기능을 감성품질의 확보와 브랜드 이미지 향상으로 더 확대하기 위해서다. 또한 1년 뒤인 2012년에는 품질확보동 2층을 증축하여 첨단 장비와 선행 검증 기술 개발을 통해 전장 신기술을 철저히 점검함으로써 클레임의 요인이 될 만한 것들을 사전에 발견하여 개선해 나갔다.

결국 사람이다!

—

기술을 바꾸면 2배의 효과를 얻고 사람을 바로잡으면 10배의 기적을 낳는다고 한다. 동일한 능력을 가진 사람이라도 그의 마음과 태도에 따라 결과는 확연히 달라지기 때문이다.

세계적인 경영컨설팅 전문가인 데이비드 마이스터는 "전문가의 반대말은 비전문가가 아니라 기술자이다. 전문성은 능력이 아니라 대부분 태도에 달려 있다. 진정한 전문가는 열정을 가진 기술자다."라고 했다. 기술은 기본이고, 여기에 열정적인 태도까지 보태어진다면 진정한 전문가가 될 수 있다는 의미이다. 때문에 기업은 직원들에게 열정을 불어넣어 태도를 바로잡는 일을 소홀히 해서는 안 된다.

완벽한 품질의 제품생산을 위해서는 뛰어난 기술과 시스템 외에도 개발자, 작업자 등 그것에 참여하는 사람의 실력과 태도가 아주 중요하다. 특히 현장 작업자들의 경우 그 인력의 규모만큼이나 그들 모두를 한 방향으로 움직이기란 쉽지가 않기에 더욱 정성을 쏟아야 한다. 모든 구성원이 기술자가 아닌 전문가인 기업만이 비로소 최고가 될 수 있다.

"우리 자동차의 완성은 결국 여러분들의 손끝에 달려 있습니다. 우수한 부품과 완벽한 설계에 화룡점정을 찍어줄 사람은 결국 현장에 계신 여러분들입니다."

신 부회장은 현장 작업자의 올바른 마인드 정립을 위한 교육을 아주 중요하게 생각했다. 제아무리 뛰어난 능력을 가진 사람도 혼자서 이룰 수 있는 것은 뚜렷한 한계가 있다. 특히 기업과 같은 큰 조직은 구성원 모두가 함께 뭉치지 않으면 방향과 속도 면에서 결코 만족할 만한 결과를 얻지 못한다.

이런 이유로 신 부회장은 현장 직원들을 교육시키며 세계 자동차 시장의 현황과 그에 따른 품질확보의 필요성에 대해 설파했다. 또한 품질은 단순한 기술품질만이 아닌 감성품질의 영역도 있음을 설명하고, 이 모든 것을 선행하여 잡아가지 않으면 결국 글로벌 시장에서 도태되고, 기업이 설 자리를 잃을 수 있음도 강조했다.

신 부회장은 작업자의 마인드 교육과 더불어 기술교육에도 신경을 많이 썼다. 현장 작업자들의 숙련도가 제품의 기술품질과 감성품질에 큰 영향을 끼친다는 것을 알고 있었기 때문이다. 이에 신 부회장은 현장 작업자의 숙련도를 높이기 위해 각 생산 공장에 '조립교육센터'를 만들었다. 각 공장마다 자체적으로 현장작업자의 교육과 실습이 가능하도록 한 것이다.

"생산라인 형태로 교육장을 만드는 것은 아무 의미가 없습니다. 교육장은 현재 생산라인 작업환경보다도 100배 더 나은 환경으로 만들어야 합니다. 그래야 작업자가 이 교육장에 오고 싶은 마음이 들고, 작업 시에 집중도도 훨씬 높아질 수 있습니다."

신차가 개발되면 양산에 투입되기 전 작업자들의 대표인 조반장급들 그리고 생산 업무의 핵심이 되는 작업자들을 작업자 교육센터에 불러 교육을 시켰다. 모든 작업자들을 선행교육 시키기엔 한계가 있기에 리더들을 교육시키고, 그들이 현장으로 돌아가 직원들을 리드하도록 하는 것이다.

현재 작업자 교육장은 울산공장, 아산공장을 비롯해 국내는 물론 세계 전역의 현대기아차 공장에 모두 갖춰져 있다.

한 명의 뛰어난 인재가 1만 명의 직원을 먹여 살린다고도 하지만 한 명의 무능한 직원이 회사를 망하게 할 수도 있다. 때문에 소수의 뛰어난 인재에 정성을 기울이는 것보다 더 중요한 것이 모든 직원의 실력과 마인드를 함께 끌어올려주는 일이다.

제품의 꽃,
브랜드를
살려라

**PART
03**

왜 퀄리티
마케팅인가?

출장길에 시장기나 때울 요량으로 동네의 허름한 식당에 들어갔다
가 유레카를 외친 적이 있다. 재료의 신선도, 맛, 가격, 서비스 등 흠
잡을 데가 없는 곳이었다. 그럼에도 주인장은 손님이 들지 않아 폐업
을 생각하고 있다며 한숨을 내쉬었다.

"이런 호텔급 요리 실력을 가진 식당이 왜?"

무엇보다 입지조건이 나빴다. 시내 번화가에 자리 잡았다면 분명
초대박을 쳤을 '품질'이었다. 그런데 곰곰이 생각해보니 손님이 들지
않는 더 큰 요인은 따로 있었다. 강원도 산골에 있더라도 맛집이라고
소문만 나면 시간이나 돈이 아깝지 않을 정도로 달려가는, 나름의 미
식가들이 많아진 세상이 아니던가.

결국 대박 품질의 쪽박 판매 원인은 마케팅에 있었다. 가뜩이나 요
즘처럼 블로그, SNS 등 입소문을 통한 마케팅 활동의 채널이 많은
때에 가만히 앉아서 오는 손님만 기다리고 있다니! '품질'에 기대어
시장의 평가를 기다리는 것은 떨어지는 감을 기다리며 하염없이 입
만 벌리고 있는 꼴이다.

자동차와 같이 판매점의 입지와는 상관없이, 오로지 품질로만 평가받는 제품의 경우 더더욱 마케팅의 역할이 크다. 2004년 현대기아차는 자타공인 글로벌 탑 메이커인 도요타를 품질로 꺾었다. 하지만 실제 판매가 이루어지는 시장에서는 그다지 대박을 치지는 못했다. 이 역시 결국엔 마케팅이 부족한 탓이었다.

물론 마케팅을 한다고 해서 모두가 고객의 마음을 사로잡는 것은 아니다. 잘못된 방식의 마케팅으로 실패한 제품이나 브랜드도 무수히 많다. 기업의 마케팅은 영민한 전략이 필요하다. 소구점이 될 주요 포인트를 잡아서 집중적으로 공략하는 것이다.

거인의 어깨에 올라타라

—

"왜 미국인들은 현대차를 싫어할까?"

실패의 원인을 명확하게 안다면 성공의 열쇠도 찾을 수 있다. 1990년 대 초반, 미국시장 진출에서 패배를 맛봐야 했던 가장 근본적인 이유는 현대차의 부족한 품질에 있었다. 하지만 그게 전부는 아니었다.

미국에 주재하던 동안 신 부회장은 왠지 모르게 억울한 마음이 들었다. 현대차의 품질이 글로벌 메이커들에 비해 떨어지는 것은 사실이지만 토크쇼의 단골손님으로 등장하며 조롱거리가 될 정도는 아니었다. 현대차의 실질품질과 고객이 인식하는 품질 사이에 무언가가 개입한 것이 분명했다. 그게 무엇일까.

"현대차를 실제 경험해본 소비자는 극소수에 불과한데 왜 모든 미국인들은 너나없이 현대차가 나쁘다고 욕을 하는 것일까?"

곰곰이 생각해보니 미국 소비자들의 생각을 움직이는 집단은 따로 있었다. JD파워, 컨슈머리포트, 아우토빌트, ALG 등과 같은 공신력 있는 시장조사기관의 발표와 의견이 미국 소비자들의 머릿속에 그대로 스며들어 시장의 여론을 주도했다. 그들이 '현대차는 나쁜 차', '도요타는 좋은 차'라고 말하면 고객은 그것을 바탕으로 구매를 결정한다. 물론 소비자들의 신뢰는 이 기관들이 오랜 기간 동안 공정성과 정확성을 유지하며 올바른 정보를 전달해왔기에 가능한 일이었다.

"저들의 어깨에 올라타야겠군!"

품질이 근본적인 문제였던 만큼 품질을 끌어올리는 것이 최우선 과제였다. 그리고는 품질이 좋아졌다는 것을 시장에 증명해보여야 했다. 이때 메이커가 제아무리 '우리 제품의 품질이 우수하다'고 떠들어도 고객은 잘 믿지 않는다. 특히 품질 나쁜 차라는 인식이 강하게 남아있는 현대차의 경우 더더욱 그랬다. 그렇다면 결국 공신력이 있는 즉, 고객이 믿을 수 있는 이가 대신 떠들도록 해야 했다. 그들의 어깨에 훌쩍 올라타는 것이다.

신 부회장은 현대차의 나쁜 품질이 시장조사기관들에 의해 온 세상에 알려졌듯이 현대차의 우수한 품질 역시 그들에 의해 온 세상으로 알려지게 하리라 마음먹었다. 물론 당시는 해외정비의 관리 업무를 맡고 있었고 직급도 차장에 불과했던 때라 이런 각오를 드러내놓고 표현할 수는 없었다. 하지만 멀지 않은 그날을 위한 준비만큼은 미리 해둘 필요가 있었다.

신 부회장은 JD파워의 여론조사결과 생산 공정을 처음부터 끝까지 세세하게 훑어봤다. 고객에게 어떻게 설문지를 돌리고, 그것을 받아서 어떻게 가공을 해서 발표를 하는지 등 공정 전체를 꼼꼼히 연구했다. 한국으로 돌아가면 그것을 활용해 역공격을 해볼 요량이었다.

컨슈머리포트는 소비자단체의 기부금을 받아서 운영하는 비영리단체인 만큼 미국 소비자들의 신뢰도가 아주 높았다. 이 역시 반드시 뚫어야 할 상대였기에 여러 채널로 정보를 구하며 연구를 했다. 그리고 중고차 잔존가치 역시 인지품질을 결정짓는 중요한 요소였기에 소홀히 하지 않았다. 중고차 잔존가치와 관련된 책을 읽으며 연구하고 잔존가치 계산공식까지 메모해 외웠다. 당장은 큰 변화를 가져올 수 없겠지만 머지않아 유용하게 활용할 날이 오리라 믿었기에 차곡차곡 준비하며 때를 기다렸다.

미국시장에서 현대차는 판매량이 급격히 떨어져 1997년에 이르러 결국 바닥을 찍었다. 그런데 현대차의 실질품질은 현대차의 판매가 하락하던 90년대 초기부터 조금씩 개선되고 있었다. 시장의 소리를 받아들여 나름의 노력을 기울이고 있었던 것이다. 그럼에도 판매량이 계속 떨어졌던 것은 인지품질이 개선되지 않았던 탓이 크다.

당시의 시장점유율이 1%도 채 안 됐으니 제아무리 품질이 좋아져도 입소문을 통한 마케팅 효과는 기대할 수 없었다. 결국 시장조사기관의 조사결과를 바탕으로 한 언론의 보도만이 현대차 품질을 고객에게 전하는 유일한 채널이었다.

그 마케팅은 이 마케팅이 아닌가벼?

–

"우리 브랜드의 인지도가 안 좋으니 제아무리 품질을 올려도 판매가 크게 늘지를 않습니다."

2000년 정몽구 회장의 품질경영 선언 이후 현대기아차는 빠른 속도로 품질을 개선해 나갔다. 그럼에도 판매가 늘지를 않으니 이는 영업파트의 노력을 넘어 전사의 협력이 필요한 상황이었다.

2005년에 품질총괄본부장이 된 신 부회장은 브랜드마케팅을 통해 여론품질을 끌어올릴 전략을 수립해 들어간다. 품질을 향상시키는 이유는 결국 판매를 증대시키기 위함이다. 그런데 품질을 끌어올려놓고도 그 결실이 판매로 연결되지 못하는 것은 브랜드가 약하기 때문이었다.

2006년 현대차는 JD파워의 초기품질지수에서 1위를 차지했지만 브랜드인지도와 품질브랜드는 하위권에 머물고 있었다. 공정하고 객관적인 평가를 통해 실력은 인정받았지만 아무도 그 실력을 모르고 있는 꼴이었다.

품질을 개선했다고 해서 브랜드에 대한 시장의 평가가 함께 올라가는 것은 아니다. 브랜드 곡선은 그보다 훨씬 더디게 올라간다. 더군다나 브랜드 가치를 올리기 위한 특별한 노력을 하지 않는다면 품질 곡선과 브랜드 곡선이 만나는 시간이 10년이 걸릴지 20년이 걸릴지 그 누구도 알 수 없다.

신 부회장은 회사가 할 일은 이 차이를 좁혀주는 것이라고 생각했다. 높아진 품질, 그리고 이에 따른 긍정적인 결과물들을 활용해 품질과 브랜드의 갭을 좁히고 기간을 더 단축시킬 방법이 없는지에 대해 연구를 해야 한다는 것이다.

"퀄리티 마케팅을 해야겠습니다."

브랜드를 살리는 처방전으로 신 부회장은 퀄리티 마케팅을 생각해 냈다. 그리고 큰 그림도 그렸다. 우선은 현대기아차가 끌어올려놓은 실질품질을 JD파워, 컨슈머리포트, ALG 등과 같은 공신력 있는 시장조사기관을 통해 철저히 검증받는다. 그리고 그 결과를 다양한 채널을 통해 적극적으로 언론에 알려 시장의 여론을 빠른 속도로 바꿔가는 것이다. 물론 이를 위해선 시장조사기관의 평가에서 탁월한 성과를 얻을 수 있도록 그만한 실력과 전략을 갖춰야 했다.

구체적인 그림까지 그린 후 신 부회장은 퀄리티 마케팅을 위한 전사의 협조를 구했다. 아이디어는 한 사람의 머리에서 나왔지만 그것을 구현하는 것은 전사의 협조 없이는 불가능하다. 신 부회장은 퀄리티 마케팅에 대한 기획서를 준비해 영업, 기획, 연구개발, 구매, 공장 등 모든 부문에 협조를 구해 사인까지 받아두었다. 물론 그 과정이 순탄한 것은 아니었다.

"품질본부에서 웬 마케팅?"

퀄리티 마케팅이란 용어도 생소한데다 품질총괄본부에서 마케팅을 한다고 하니 다들 의아해 했다.

"당신이 뭔데 마케팅을 하려고 하죠?"

마케팅 업무를 담당하고 있던 영업파트는 노골적으로 불편한 마음을 드러냈다. 자신들의 고유 영역을 침범한 것이라 오해한 것이다. 이런 이유로 그들은 품질본부가 도대체 무슨 일을 하려는 것인지 은밀히 염탐을 하기도 했다.

"그 마케팅은 이 마케팅이 아닌 것 같은데요?"

결국 그들은 신 부회장이 하려는 퀄리티 마케팅은 자신들이 하는 마케팅과는 다른 것이란 결론을 얻고서야 경계심을 풀었다. 그들에게 마케팅의 개념은 자신들이 기존에 해오던 업무로만 제한돼 있었다. 하지만 신 부회장이 생각하는 마케팅은 공장, 연구개발, 판매, 품질 등 기업의 모든 영역에서 필요한, 더 큰 개념의 것이었다. 왜냐하면 이 모두의 상대는 시장이고, 시장에 제품을 효과적으로 알리는 것은 전사의 영역이지 결코 마케팅 부서만의 일이 아니기 때문이다.

살릴 건 살리고 죽일 건 죽여라

–

"품질을 올리기 위해 10을 투자했다면 브랜드를 끌어올려서 100을 만들어 내야 합니다. 우리는 열심히 했지만 시장이 그것을 알아주지 않는 것은 우리의 브랜드파워가 약하기 때문입니다."

신 부회장은 지속적인 사내 교육을 통해 왜 퀄리티 마케팅을 해야 하는지에 대해 설명하고 공감을 이끌어내고자 노력했다.

기업의 존재 이유는 결국 이윤 창출에 있다. 그래야지만 기업이 존속할 수 있기 때문이다. 품질혁신을 통해 괄목할만한 기술적인 성장을 이루었더라도 그것이 실속 없는 영광으로만 끝난다면 기업은 여전히 생존을 걱정해야 한다. 노력하고 고생했던 만큼 구성원 모두가 만족하고, 기업 역시 성장할 수 있기 위해서는 결국 판매라는 열매가 풍성히 맺혀야 한다.

한편 품질을 끌어올리려면 연구개발, 시설 등의 투자가 필요하고 인건비의 상승도 피할 수 없다. 즉, 품질을 올리게 되면 비용도 다소 올라가기 마련이다. 이런 비용 상승에도 회사가 꾸준히 이윤을 발생시킬 수 있는 묘책 역시 브랜드파워를 높이는 것이다. 브랜드의 인지도가 올라가면 소비자는 가격이 다소 상승해도 크게 개의치 않는다. 품질도 좋고 시장의 평도 좋으니 가격이 높은 것은 당연한 것이라 여기기도 한다. 이런 이유로 브랜드파워를 높여 가격을 상승시키는 것은 글로벌 탑 메이커들의 가장 기본적인 생존전략 중 하나이다.

"그럼 어떻게?"

신 부회장의 이야기를 들으며 다들 고개를 끄덕이면서도 선뜻 방법이 와 닿지 않았다.

"살릴 건 적극 살려주고 죽일 건 과감히 죽여야지요."

모든 기업에는 우호적인 세력이 있고 비우호적인 세력이 있다. 품질이 나쁠 경우 비우호적인 세력의 대표적인 집단이 바로 언론이다. 1990년대 말 미국의 신문, 잡지, TV 등에서 현대차는 나쁜 차를 넘어 죽일 놈의 차였다. 그것이 과장된 혹평이라 할지라도 그들의 머리는 그것을 팩트라 믿고 있고, 그것을 뒤집을만한 강력한 팩트들이 새롭게 들어오지 않는 한은 쉽사리 지워지지 않는다. 때문에 품질이 거둬낸 좋은 성과들을 그들의 머릿속에 담아주면서 이전의 나쁜 것들을 모조리 비워내도록 만들어야 했다.

"퀄리티 마케팅의 기본은 제품의 퀄리티 확보에 있습니다. 끊임없는 품질혁신을 통해 품질에 대한 긍정적인 뉴스, 즉 공신력 있는 자료를 만들어내야 합니다."

신 부회장은 공신력 있는 기관의 긍정적인 발표들이 지속적으로 생산될 수 있도록 힘써야 한다고 강조했다. 예를 들어 JD파워 조사결과에서 올해 5등을 했으면 다음 해에는 1등을 할 수는 없는 것인지를 고민하고 실행해야 한다는 것이다. 또 컨슈머리포트의 추천율이 지금은 50%인데 다음번엔 90%로 끌어올릴 수는 없는 것인지, 〈Top-picks〉을 받으면 안 되는 것인지 등 좋은 것은 끌어올리는 전략을 지속적으로 개발하고 실행해야 한다고 강조했다.

신 부회장은 교육을 통해 전사의 공감을 형성함과 동시에 품질총괄본부 내에 TFT로 품질브랜드팀을 만들었다. 본격적인 퀄리티 마케팅 활동을 진행하기 위해서다. 품질브랜드팀은 세계 시장을 실시간 모니터링하며 현대기아차에 관한 우호적인 기사가 뜰 때마다 이를 요약 정리하여 한두 장의 심플한 자료로 재가공했다. 그리고 최대한 신속히 세계 전역의 현대기아차 판매망으로 전송됐다.

2004년 실질품질로 도요타를 꺾은 것은 퀄리티 마케팅에 상당한 힘을 실어줬다. JD파워의 품질평가결과는 물론이고, 이에 관한 미국 유명 언론들의 보도자료들은 모두 현대기아차의 긍정적인 뉴스가 되어 전 세계 고객에게 스며들어갔다.

이후로도 신 부회장은 현대기아차의 품질과 관련된 결실이 맺힐 때마다 이를 실시간으로 영문화해서 마케팅 활동에 적극 활용하도록 지시했다. 미국은 물론이고 아프리카, 유럽, 중동, 중남미 등 각 대리점과 딜러들에게 이런 긍정적인 자료를 토대로 고객과 이야기를 할 수 있는 스토리를 제공해주는 것이다.

예상대로 대리점과 딜러들의 반응은 폭발적이었다. 이전까지 고객용 카탈로그는 자동차의 성능과 관련된 정보가 대부분이었다. 그런데 퀄리티 마케팅이 진행된 이후로는 이런 기본적인 설명들 외에도 품질과 관련된 결실들이 함께 담기기 시작했다. 판매사원들은 고객에게 해당 차의 연비나 가격과 같은 통상적인 설명 외에도 어디에서 무슨 상을 탔고, 몇 위를 했는지 등에 대한 자료를 보여주며 추가적인 설명을 곁들였다.

"어머, 그래요? 이 차 품질이 그 정도로 좋은가요?"

자신이 관심을 두는 차가 미국시장에서 굵직한 상을 받고 언론들의 찬사를 받았다는 자료를 본 고객은 해당 차의 품질에 신뢰감을 갖는다. 영업사원들 또한 어깨가 으쓱해질 정도로 자부심과 자신감이 생겨나 더 적극적으로 고객응대를 하게 된다. 그러니 이런 노력들은 곧 판매라는 값진 결실로 이어지게 되는 것이다.

"긍정적인 뉴스는 전 세계가 알 수 있도록 널리 알리는 반면 클레임이나 리콜, 파업과 같은 부정적인 뉴스는 애초에 생기지 않도록 강도 높게 품질을 관리하고 경영해야 합니다."

한편 신 부회장은 현대기아차에 대해 비우호적인 세력이 있다면 그 근원인 부정적인 뉴스를 없앨 수 있도록 품질확보에 더욱 강도를 높여야 한다고 했다. 또한 필요하다면 그들을 직접 불러 자신들의 생각이 진실이 아님을 증명해 보여야 한다고 강조했다.

이기려면
룰부터 살펴라

길을 가다 높은 담장을 만나면 뒤돌아서는 사람이 있는가하면 과감히 그 담장을 뛰어넘는 사람도 있다. 목표지점이 분명하고 반드시 가야 한다는 의지만 있다면 담장은 또 하나의 길이다.

타고르는 "물을 바라보고 있는 것만으로는 바다를 건널 수 없다."고 했다. 바다를 건너야 한다는 목표는 배를 만들고 노를 젓는 실천으로 결과물을 완성해간다. 생각이나 바람, 의지만으론 이룰 수 있는 게 아무것도 없다.

"컨슈머리포트에서 꼴지를 받았다고 투덜대기만 하지 왜 직접 그곳을 찾아가서 협의를 할 생각은 안 하세요? 우리 차를 직접 타보고 평가해 달라고 요구할 수는 없는 건가요?"

"그럴 순 없어요. 거긴 비영리단체잖아요."

미국 주재 시절 신 부회장은 현대차의 판매가 갈수록 부진해지자 답답한 나머지 미국인 직원들에게 따져 물었다. 그들은 현지인이니 컨슈머리포트를 뚫을 방법을 알 수 있을 것도 같았다. 하지만 돌아오는 대답은 언제나 '안 된다', '불가능하다'였다. 컨슈머리포트는 비영리단체이기 때문에 메이커들의 접촉이 일절 불가능하고, 그런 공정성과 객관성 때문에 소비자들의 신뢰가 높다는 것이다.

"우리의 실력을 제대로 평가받자는 거지 꼼수를 쓰자는 게 아니잖아요."

신 부회장이 뭐라 하든지 미국인 직원들은 고개부터 내저었다. 한심하고 답답했지만 신 부회장은 훗날을 기약하기로 했다. 우선은 현대차의 품질부터 개선시켜야 했다. 품질이 나아진다면 그때는 당당하게 컨슈머리포트의 문을 두드려도 될 것 같았다.

열려고 시도하지 않으면 문도 벽이 된다. 하지만 열려고 시도한다면 벽도 문이 될 수 있다. 당시 현대차는 닫힌 무언가를 만나면 벽이라며 돌아서는 사람들로 인해 걸음에 힘이 붙질 못했다. 더군다나 그것은 문이니 열어보라며 이끌어주는 사람도 없었다. 그저 무언가가, 누군가가 이 상황을 바꿔주기만을 바라며 버틸 뿐이었다.

꼼수가 아니다, 전략이다

—

"무슨 수를 써서라도 컨슈머리포트를 뚫으세요."

한국으로 돌아와 퀄리티 마케팅을 수행하는 동안 신 부회장은 미국 주재원으로 나가 있던 직원에게 컨슈머리포트를 뚫으라는 지시를 내린다. 현대기아차의 인지품질을 향상시키기 위해서는 컨슈머리포트를 반드시 점령해야 했다. 하지만 그에게서 돌아온 대답 역시 '비영리단체라서 안 된다'였다.

"10년이 지난 지금도 어떻게 당신들은 한결같이 안 된다고만 합니까!"

10년 전의 미국인 직원과 똑같은 대답을 듣게 되자 신 부회장은 불같이 화를 냈다. 10년 전은 현대차의 품질이 따라주질 않으니 뜻이 있어도 적극적으로 진행시킬 수가 없었다. 하지만 이제는 다르지 않은가. 2004년 JD파워의 초기품질조사에서 이미 도요타를 앞섰으니 컨슈머리포트에서도 제대로 된 평가를 받을 필요가 있었다.

"안 된다고만 하지 말고 어떤 방법으로든 시도나 한번 해보세요."

소비자평가기관의 평가를 개선시키기 위해선 해당 메이커가 노력하는 것 외엔 길이 없다. 그 어떤 기관도 알아서 좋은 평가를 해주진 않는다. 신 부회장의 강력한 지시에 직원은 어쩔 수 없이 컨슈머리포트에 연락을 취했고, "현대차를 한번 평가해 주면 안 되겠느냐."고 조심스레 물었다. 그런데 놀랍게도 의외의 답이 돌아왔다. "모든 경쟁사가 이미 그런 식으로 평가를 받고 있는데 뒤늦게 무슨 엉뚱한 질문을 하고 있느냐?"는 것이다.

당시 모든 경쟁 메이커들이 컨슈머리포트와 접촉해서 자신들의 차를 직접 타보고 평가해 달라고 요구했고, 컨슈머리포트는 이에 응하고 있었다. 공정하고 투명한 평가를 해달라는데 굳이 마다할 이유가 없었다.

막상 열고 보니 그것은 담장이 아닌 문이었다. 설령 담장이라 할지라도 과감히 뛰어넘어야 할 것을 하물며 문을 두고도 열어볼 생각조차 하지 않은 것이다. 결국 아까운 시간만 허비하며 남들보다 뒤처져버린 꼴이 됐다.

출발이 늦은 만큼 속도를 내야했다. 물론 급한 마음에 무턱대고 나아갈 수는 없었다. 급할수록 시간을 단축시킬 철저한 준비와 전략이 필요했다. 그러려면 우선 상대를 잘 알아야 했다.

1936년 창간해 80년의 역사를 자랑하는 컨슈머리포트는 차량 부문에서 해마다 최고의 차 10종, 최악의 차 10종을 선택한다. 그리고 최고의 차로 선정된 차는 소비자에게 적극 추천하는 차로, 최악의 차로 선정된 차는 반드시 피해야 할 비추천차로 분류된다. 안타깝게도 현대기아차는 2000년부터 2003년까지 연속으로 아시아 최악의 차로 뽑히는 굴욕을 당하고 있었다.

컨슈머리포트 공략을 준비하던 2005년 당시는 실질품질의 향상으로 현대기아차의 인식이 어느 정도는 개선돼 있었다. 하지만 컨슈머리포트와 같은 대표적인 시장조사기관들의 평가에선 여전히 하위에 머물고 있었기에 인식 개선을 위한 적극적인 노력이 필요했다.

메이커 입장에서 볼 때 컨슈머리포트는 공략하기에 아주 힘들고 까다로운 상대였다. 소비자의 기부금을 받아서 운영하는 비영리단체인 만큼 평가의 과정이나 결과에 메이커의 개입이 철저히 제한돼 있었다. 소비자 설문조사도 각 차종마다 실제 차량 소유자 200~400명을 대상으로 한 광범위한 표본 조사인데다, 차량 성능평가도 자체 테스트시설에서 진행되는 만큼 평가방법에 대한 정보가 거의 외부로 유출되지 않았다.

뿐만 아니다. 메이커가 '우리 차를 평가해 달라'고 요청한다고 해서 평가 대상이 될 샘플차를 직접 제공해 줄 수도 없다. 품질평가를 요청할 수 있을 뿐이지 그 외에 어떤 것도 개입할 수 없다. 공정성과 객관성을 유지하기 위해서다.

컨슈머리포트는 평가할 제품을 자신들이 직접 선정한다. 자동차의 경우 딜러에 가서 직접 차를 구매해서 실제 주행까지 해보면서 품질을 평가한다. 그리고 소비자 설문조사도 병행한다. 그래서 실제 제품 평가도 좋아야 하고, 설문조사지의 점수도 좋아야 한다. 그 외에도 리콜 캠페인과 같은 부정적인 요소도 없어야 한다. 이 모든 것들을 종합 평가하여 최고점을 받은 차에게는 '올해 최고의 차'로 선정되는 영예가 주어진다. 조사 과정에서의 객관성과 공정성을 잘 알기에 컨슈머리포트의 평가결과는 미국시장에서 큰 영향력을 가진다.

CR특공대로 맞춤형 전략을 준비하다

—

견고하고 높은 난공불락의 성인만큼 컨슈머리포트의 공략을 위해 신 부회장은 철저한 맞춤형 전략을 준비했다. 우선은 품질총괄본부가 주축이 되어 북미품질센터, 연구소, 구매부문에 걸쳐 과장, 차장급의 영민한 실무자들을 뽑아 〈CR특공대〉를 조직했다. 이들은 몇 개월에 걸쳐 컨슈머리포트의 평가방법과 기준을 분석하고 연구했다. 그리고 구체적인 품질 평가방법을 알아내기 위해 컨슈머리포트를 직접 방문함으로써 준비에 완벽을 기했다.

"김 과정은 1번 구간, 이 차장은 2번 구간, 박 차장은 3번 구간을 철저히 암기하세요. 이때 주행구간의 모양은 물론이고 장비와 시설물 현황까지 단 하나도 놓치지 말고 철저히 머릿속에 담아오세요. 그곳을 나온 후 똑같이 그려내고 설명할 수 있어야 합니다. 그리고 홍 과장과 강 차장은 그들에게 물을 질문을 꼼꼼히 준비하고 그들의 답변을 완벽하게 외워오세요. 차량성능 평가방법은 물론이고 평가절차, 배점기준까지 완벽하게 알아내야 합니다."

당시 신 부회장이 준비한 전략은 일명 '예비고사형 문제지'였다. 마치 대학입학을 위한 예비고사를 준비하듯이 여러 버전으로 미리 문제들을 준비한 후 원하는 답을 얻을 때까지 집요하게 질문하고 세밀하게 관찰하는 것이다.

녹음기나 카메라를 가져갈 수 없기에 모든 정보를 사람의 머릿속에 담아 와야 했다. 〈CR특공대〉는 주어진 임무의 중요성을 잘 알기에 단 하나의 정보도 놓치지 않기 위해 온 정신을 집중했다. 그리고 컨슈머리포트에서 나온 뒤 〈CR특공대〉는 가장 가까운 호텔에 모여 본인이 맡았던 것들을 바로 기록으로 옮겨 담았다. 007작전이 따로 없었다.

그렇게 취합된 정보들은 하나의 거대한 그림으로 완성됐다. 이 그림을 토대로 컨슈머리포트 대응 매뉴얼을 만들고, 그것을 새롭게 개발될 신차에 모두 적용시켜 나갔다. 뿐만 아니다. 지난 5년간의 현대기아차에 대한 소비자 평가결과를 집중분석해서 개선점을 도출해 제품에 적극 반영했다. 또 품질총괄본부, 연구소, 구매, 생산이 합동으로 참여하는 품질개선 전담조직을 꾸려 정기회의 등을 통해 품질의 개선정도를 강도 높게 점검했다.

철저한 준비와 실행은 기적에 가까운 놀라운 결과를 가져왔다. 2007년 현대기아차는 컨슈머리포트 평가 대상 13개 차종 중 7개 차량이 추천차에 선택됐다. 현대기아차는 여기서 만족하지 않았다. 컨슈머리포트 평가의 최고봉인 〈Top-picks〉를 목표로 고객의 니즈에 끊임없이 귀 기울이고, 이를 즉각 제품에 적용시켜 나갔다.

이런 노력의 결과로 마침내 2008년에는 아반떼와 산타페 두 차종이 〈Top-picks〉에 선정되는 영예를 얻었다. 특히 산타페는 컨슈머리포트 홈페이지 메인에 늠름히 자리하며 전 세계 고객들에게 현대기아차의 이미지를 새롭게 각인해갔다. 또한 2012년에는 현대차 차종 9개 모두가 추천차종으로 선정되는 등 이후로도 현대기아차는 컨슈머리포트를 통해 꾸준히 품질을 인정받고 있다.

사실 현대기아차가 컨슈머리포트를 대상으로 펼쳤던 전략들은 자동차 글로벌 메이커라면 한 번쯤은 시도해봤을 법한 것들이다. 하지만 그들이 이루지 못한 것을 현대기아차는 이뤄냈다. 그들은 한두 번해보고 안 되니 포기했지만 현대기아차는 결코 포기하지 않았다. 특히 출발이 늦었던 만큼 한걸음 한 걸음에 전력을 다했다. 그리고 포기하지 않고 끝까지 완주해냈다. 목표가 분명하게 보이는데 거리가 좁혀지지 않는다고 포기한다면 그것은 더 이상 목표가 아니지 않은가.

이제는
아우토반이다

"나는 한 놈만 팬다!"

영화 〈주요소 습격 사건〉의 명대사 중 하나인 이 말은, 영화 속 주인공인 무대포의 싸움의 기술로도 유명하다. 타깃을 명확히 결정하고 집중해서 힘을 사용하는 것은 머릿수에서 밀릴 때 유용한 전략이다. 특히 그 타깃이 무리에서 우두머리이거나 큰 영향력을 행사하는 이면 그를 무너뜨림으로써 전체의 힘을 와해시킬 수 있다.

기업에서도 이러한 전략은 유용하다. 제품을 기획하거나 마케팅을 할 때도 불특정다수의 대중을 목표로 하기보다는 타깃층을 분명히 해서 공략하는 것이 훨씬 효과적이다. 그리고 여론을 형성하는 기관이나 미디어를 움직일 때도 선두그룹 몇 곳을 골라 집중적으로 공략하는 전략이 유효적절하다.

현대기아차의 브랜드파워를 높이기 위한 퀄리티 마케팅을 진행하며 신 부회장은 '선택과 집중' 그리고 '맞춤형 활동'에 초점을 맞췄다.

미국은 자동차 선진국답게 자동차 품질평가기관이 꽤 많다. 게다가 독일, 유럽 등에도 영향력 있는 평가기관들이 있다. 신 부회장은 이 중 가장 영향력 있는 몇 곳을 선택해 '맞춤형 활동'을 진행하기로 했다. 어차피 선두 그룹만 잡으면 나머지는 저절로 따라오는 구조였기에 핵심에 에너지를 집중하기로 한 것이다.

"우리 차를 그들의 입맛에 맞춰주세요."

여러 품질평가기관들의 공통된 기준도 있었지만 각 기관마다 나름의 고유한 기준들도 있었다. 그리고 그 기준은 대부분 고객의 니즈를 반영한 것이기에 해당 지역의 환경이나 문화적 특성이 크게 작용된다. 이런 세세한 것까지 알아내어 제품에 반영해주어야지만 좋은 평가를 받을 수 있다.

일단 만납시다!

—

컨슈머리포트의 공략과 동시에 신 부회장은 유럽의 자동차 부분에서 가장 권위 있는 잡지인 아우토빌트(Auto Bild)도 목표로 했다. 아우토빌트는 독일에서 발간되는 주간지로, 유럽 전역에 각 나라의 언어로 번역되어 동시에 출간된다. 그래서 유럽에서 엄청난 영향력을 행사하는, 시장의 여론을 끌고 다니는 잡지사였다.

2007년 당시만 해도 도요타, 혼다 등 일본 메이커가 아우토빌트에서 최고의 평가를 받고 있었다. 그리고 유럽, 미국 메이커들을 지나 현대기아차는 제일 아래에서나 찾아볼 수 있었다.

"일단 만납시다! 우리 차의 품질을 직접 확인한 후 제대로 된 평가를 해주세요."

신 부회장은 유럽 시장에서의 현대기아차의 위상을 높이기 위해 아우토빌트의 편집장을 초청했다.

"당신들은 왜 그렇게 일본 메이커에만 우호적입니까? 우리가 일본 메이커에 비해 뭐가 부족하기에 우리를 그렇게 나쁘게 평가하느냐 말입니다."

본격적인 이야기에 앞서 신 부회장은 아우토빌트에 서운한 마음을 드러냈다. 그리고는 그들 머릿속의 잘못된 선입견을 씻어내기 위해 현대기아차 품질에 대한 다양한 자료들을 보여주며 설명을 해나갔다. 세계적으로 인정받는 시장조사기관들의 객관적인 평가결과이기에 반박의 여지가 없었다.

회의실에서의 설명이 끝난 후 연구소와 공장을 견학시키며 현대기아차의 규모와 시설이 결코 일본 메이커에 뒤지지 않음을 보여줬다. 그리고 차도 직접 타보도록 하며 현대기아차의 품질의 우수성을 느끼게 해줬다.

"이렇게 직접 우리 차도 타보고 연구소도 둘러보셨는데, 우리가 앞으로 개선하고 노력해야 할 점이 무엇인지 조언을 부탁드립니다."

신 부회장은 아우토빌트에서 현대기아차가 인정받기 위해서 어떤 점을 개선해야 하는지에 대해 의견을 구했다. 어차피 그들의 궁극적인 목표는 메이커로 하여금 좋은 차를 만들어내도록 하는 데 있으니 조언을 피할 이유가 없었다. 아우토빌트 편집장은 자신이 직접 둘러보고 경험한 것을 토대로 조목조목 개선점들을 짚어줬다.

아우토빌트 편집장이 독일로 돌아간 뒤 신 부회장은 아우토빌트의 지적사항과 요구사항들에 대해 즉시 관련부서와 협의했다. 그리고 협의 결과를 정리해서 신속히 회신해주었다.

"오호! 정말 감동적입니다. 이렇게 빨리 답변을 주시다니!"

아우토빌트 편집장은 현대기아차의 빠른 회신에 크게 감동했다. 자신이 전 세계 자동차 메이커를 모두 상대해봤지만 현대기아차처럼 명쾌하고 신속하게 일을 처리하는 기업은 처음 본다는 것이다.

첫 단추를 잘 꿴 덕분인지 이후로 아우토빌트는 현대기아차에 아주 우호적으로 바뀌었다. 그들은 아우토빌트가 자동차의 제조품질 중 어떤 부분을 집중적으로 살피는지, 유럽 각국의 기후나 문화와 관련해 현대기아차가 더 세심히 신경을 써야할 부분은 무엇인지 등 자상한 조언을 아끼지 않았다. 어차피 최종 평가는 소비자가 하는 것이기에 최선의 노력을 기울이는 것은 메이커의 몫이었다.

신 부회장은 그들의 조언을 단 하나도 흘려듣지 않았다. 현대기아차의 품질혁신을 위해서는 반드시 개선해야 할 부분들이었기에 하나하나 집중하며 모두 해결해나갔다.

이런 노력을 기울였던 덕분에 이듬해인 2008년부터 현대차는 아우토빌트의 〈차량 품질 보고서(Quality Report)〉에서 상위권에 진입했다. 2007년 11위에서 2008년에는 6단계나 상승한 5위에 오른 것이다. 아우디, 벤츠, BMW, 폭스바겐과 같은 유럽 탑 메이커들을 꺾은 것은 물론이고, 아우토빌트가 가장 중요하게 여기는 안전성에서는 1위를 기록했다.

2010년 마침내 현대차가 〈차량 품질 보고서(Quality Report)〉에서 1위에 선정되며 유럽뿐만 아니라 전 세계의 이목을 집중시켰다. 게다가 현대차는 이듬해인 2011년도부터 몇 년간 꾸준히 1위의 자리를 지켜왔고, 기아차의 경우 지난 2011년 모닝이 경차부분에서 1위로 선정됐고, 2015년에는 기아차가 마즈다와 함께 공동 1위에 올랐다. 당시 기아차는 고객 만족도 조사에서 최고점을 획득했을 뿐만 아니라 한 해 동안 단 한 건의 리콜도 발생하지 않은 것으로 밝혀졌다.

실질품질의 향상과 그에 따른 굵직한 성과물들은 현대기아차의 브랜드 인지도를 올리고 판매를 향상시키는 결과를 가져왔다. 현대기아차는 2010년에 유럽 시장에서의 판매량이 전년도 대비 9천 대 가량 증가했고, 2011년에는 7만 대, 2012년에는 전년도 대비 8.7만 대가 증가했다.

제네시스,
빨간 엑셀의 한을 풀다

"우리 차의 품질이 도요타를 따라잡을 정도로 좋아졌는데 왜 판매
는 아직 큰 변화가 없죠?"

"그게 다 중고차 잔존가치 때문입니다. 중고차 시장에서는 여전히
우리 차가 똥값에 팔리는데 누가 신차를 사려고 하겠어요?"

틀린 말은 아니지만 그렇다고 맞는 말도 아니었다. 영업 파트의 변
명 섞인 투정에 신 부회장은 모른 척 고개를 끄덕였다. 잔존가치는 현
대기아차의 판매향상을 위해서 어차피 넘어야 할 산이었다.

자동차의 잔존가치는 신차를 일정 기간 사용한 후에 감가삼각비
용을 제외한 남은 가치를 예상하는 것으로 품질, 상품성, 브랜드인지
도, 판매전략 등의 요소가 종합적으로 고려돼 산정된다. 잔존가치가
높을수록 리스 비용이 낮아지고 중고차의 가치는 높게 평가되어 신
차 구매 시 중요한 매력으로 작용한다.

"좋습니다. 내가 해결해 주지요."

2008년 현대기아차의 자동차 잔존가치를 끌어올리기 위해 신 부
회장이 나섰다. 당시 현대기아차의 잔존가치는 매우 낮게 평가되고

있었다. 실질품질은 경쟁사들과 이름을 나란히 할 정도로 크게 향상됐지만 어쩐 이유에선지 잔존가치는 평가사들의 순위권 안에 들지도 못했다.

당시 품질총괄본부 본부장으로 재임 중이던 신 부회장은 제품의 실질품질 향상과 더불어 인지품질, 즉 브랜드 이미지 강화를 위한 전략들을 추진하고 있었다. 중고차 잔존가치 역시 브랜드 이미지와 밀접한 관련이 있기에 반드시 해결해야 할 과제 중 하나였다.

신 부회장은 현대기아차의 자동차 잔존가치를 제대로 평가받기 위해 세계적인 잔존가치 평가사인 ALG(Automotive Lease Guide)를 초청해 세미나를 개최하기로 했다. 현대기아차 품질향상의 성과들을 보여주며 허심탄회하게 이야기를 나눠보려 한 것이다.

10여 년 전, 신 부회장은 빨간 엑셀을 타고 ALG를 찾아가 "니들이 현대차를 타봤느냐"며 따졌었다. 품질에 대한 자신감보다는 어떻게든 해내야 한다는 오기가 유일한 에너지였던 때였다. 하지만 이제는 달랐다. 도요타를 이겼을 정도로 현대차는 품질에서 괄목할만한 성장을 했고, 머지않은 그날 글로벌 탑이 될 자신감도 있었다. 이제는 오기가 아닌 실력으로 당당하게 따지고 들 때였다.

중고차 잔존가치도 '품질'이다

—

"중고차 잔존가치를 왜 품질본부에서 관여하나요?"

신 부회장과 마주 앉은 ALG 관계자들은 무척이나 의아한 듯 물었다. 타 메이커들은 물론 기존의 현대기아차 역시 잔존가치는 영업이나 마케팅 파트에서 관리하고 있었다. 하지만 신 부회장의 생각은 달랐다.

"잔존가치 역시 품질의 영역입니다. 품질이 나쁘다고 판단되니 잔존가치가 낮은 것이고, 품질이 좋다고 판단되니 잔존가치가 높은 것 아닌가요. 그러니 잔존가치를 풀어갈 열쇠는 단연코 품질입니다. 때문에 품질본부에서 관여하는 것이 옳지요."

신 부회장은 영업이나 마케팅 활동을 통한 전략적 접근이 아닌 품질의 영역에서 진정성을 보여주고 싶었다. 그것이 옳다고 믿었기 때문이다.

"자료에서 보시는 바와 같이 우리 현대기아차는…."

신 부회장은 JD파워, 컨슈머리포트 등 공신력 있는 시장조사기관에서 현대기아차의 품질에 대해 어떻게 평가하고 있는지를 설명해줬다. 그리고 그것을 뒷받침할만한 공식적인 자료들도 보여줬다. 더불어 현대기아차에 대한 클레임 자료도 공개했다. 불과 몇 년 만에 클레임이 획기적으로 줄었음은 고장품질 뿐만 아니라 선행품질확보에 전력을 다하고 있음을 증명해줬다.

신 부회장의 설명이 이어지는 동안 ALG 관계자들은 믿을 수 없다는 표정으로 연신 감탄을 쏟아냈다. 그들이 지금껏 알고 있던 현대기아차와는 전혀 다른 품질의 성과들에 놀라지 않을 수 없었다.

"왜 이것을 우리는 지금껏 모르고 있었을까요? 우리가 모른다면 고객 역시 모르고 있을 겁니다. 현대기아차는 이 부분부터 해결해야 합니다."

세미나에 참가했던 ALG의 한 중역은 '현대기아차가 잔존가치를 제대로 평가받기 위해서는 품질인지도부터 높여야 한다.'고 조언했다. 당연한 지적이었다. 실질적 품질에 비해 저평가되고 있는 현대기아차에 대한 시장의 인식을 바로잡지 않고서는 품질의 성과가 판매로까지 이어지기란 힘든 일이었다.

현대기아차 품질의 괄목할 만한 성장과 성과에 대한 증명은 회의실에서만 그치지 않았다. 세미나가 끝난 후 연구소와 공장을 견학시키며 현대기아차 품질확보를 위한 의지와 노력을 직접 눈으로 확인시켜주었다. 세계 수준의 최첨단 시설을 갖춘 연구소와 체계적이고 선진화된 공장 운영의 모습에 그들은 고개를 끄덕였다. 현대기아차의 품질확보에 대한 노력과 의지에 강한 신뢰감이 생긴 것이다.

"이렇게 오신 김에 우리 직원들을 대상으로 중고차 잔존가치의 중요성에 대한 강연을 해주시면 어떨까요?"

잔존가치를 올리기 위해서는 무엇보다 직원들의 공감대 형성이 중요했다. 이를 위해 내부적인 노력을 기울이고 있었지만, 자동차의 잔존가치를 전문적으로 다루는 공신력 있는 기관에서 직접 강연을 해준다면 그 효과가 배가될 터였다. 신 부회장의 부탁에 ALG 관계자는 흔쾌히 마이크를 잡았다.

"미국처럼 선진화된 국가에서는 신차를 구입 후 4~5년만 지나도 다시 새로운 차를 구매합니다. 그러면 기존의 차는 중고차 시장으로 나가게 되는데, 이때 가격측정의 중요한 기준이 되는 것이 잔존가치입니다. 이 말은, 잔존가치가 높은 차는 신차를 구매할 때도 선택의 우선순위에 놓이게 된다는 의미이죠."

ALG 관계자는 현대기아차가 브랜드 이미지를 끌어올려 고객의 선택을 받기 위해서는 중고차 잔존가치를 올리는 일이 매우 중요한 과제임을 설명했다. 덕분에 현대기아차 임직원 모두가 잔존가치를 비롯한 인지품질 향상의 필요성에 대해 크게 공감하였다.

"미국시장에서 우리 현대기아차의 잔존가치를 올리기 위해 우리는 무엇을 해야 할까요? 당신들이 요구하는 것을 분명하게 말해준다면 내가 책임지고 그것을 해내겠습니다."

공식적인 일정이 모두 끝난 뒤 신 부회장은 ALG 관계자들과 다시 회의실에 마주 앉았다. 그리고는 직설적으로 물었다. 실력은 충분하지만 전략이 미흡해서 현대기아차의 잔존가치가 제대로 평가받지 못하고 있었기에 신 부회장은 그 방법을 가르쳐 달라고 했다.

"우선 플릿 판매를 일정 비율 이하로 제한해주세요."

플릿 판매란 관공서나 기업, 렌터카 업체 등에 할인된 가격으로 대량 판매하는 것을 말한다. 플릿 판매된 제품들은 대부분 6개월에서 1년 정도 쓰이다가 중고차 시장에 나오게 되는데, 이런 상태 좋은 차들이 중고차 시장에 대량으로 풀리면 기존의 중고차 가격들이 급격히 떨어질 수밖에 없다. 이런 이유로 ALG는 현대기아차의 플릿 판매 비율을 제한하라고 조언한 것이다.

시장에서 판매가 저조한 메이커들은 플릿 판매로 물량을 밀어내면서 판매량을 맞추는 것이 일반적인 관례이다. 그런데 플릿 판매가 비정상적으로 많을 경우 중고차 가격의 하락을 피할 길이 없어 결국은 제 살을 깎아먹는 꼴이 됐다.

이 외에도 ALG는 잔존가치 평가방법에 대한 구체적인 설명 및 현대기아차가 잔존가치를 올리려면 어떻게 해야 되는지에 대해 나름의 조언을 했다. 그리고 왜 그것들을 해야 하는지에 대한 객관적인 분석 자료도 보여줬다. 그것들만 따라준다면 현재의 현대기아차 품질 수준으로 충분히 중고차 잔존가치를 올릴 수 있다는 말도 덧붙였다.

제네시스, 마침내 감격의 1위

—

"당장 시작합시다!"

길을 찾은 이상 걸음을 망설일 이유가 없었다. ALG 초청 세미나를 통해 현대기아차 임직원은 중고차 잔존가치의 중요성과 브랜드 인지도 향상의 필요성에 대해 충분히 공감하며, 잔존가치 향상을 위한 새로운 전략을 수립해갔다.

제품의 실질품질에 대한 더 꼼꼼한 점검은 물론 플릿 판매 비율의 제한, 적정수준의 신차 가격과 물량 결정, 라이프사이클 매니지먼트 등 ALG의 조언을 참고하여 시장 측면에서의 효과적인 접근방향도 찾아갔다.

2008년 당시 미국시장의 진출을 준비하던 제네시스를 시작으로 현대기아차는 중고차 잔존가치 올리기 전략에 돌입한다.

"고급차를 좋아하는 사람이 과연 현대에서 내놓은 3만 불짜리 차를 살까?"

2007년 현대차가 미국 고급차 시장에 진출한다고 하자 언론에서는 다시 조롱 섞인 기사들을 쏟아내기 시작했다. 불과 몇 년 전만 해도 '현대차가 기적을 이뤄냈다'느니 하며 찬사를 하던 그들이었다. 하지만 현대차의 기적과는 별개로 그들의 머릿속엔 여전히 지워지지 않은 '나쁜 현대차'가 있었던 것이다.

물론 현대기아차 입장에선 언론의 기사에 일희일비할 이유가 없었다. 품질이라는 절대 과제를 꾸준히 수행중인데다, 제네시스의 경우 미국시장 진출과 성공에 대한 큰 그림까지 이미 준비돼 있었다. 중고차 잔존가치를 올리는 전략 역시 그 중 하나였다.

제네시스는 기획과 개발 과정에 5년이 넘는 긴 시간이 투자됐고, 5000억 원이라는 막대한 비용이 개발비로 투입됐다. 미국시장의 첫 고급차 진출인만큼 현대기아차로서는 사활을 걸만큼의 거대한 프로젝트였다.

미국 디트로이트에서 개최된 〈2008 북미 국제 오토쇼〉에서 모습을 처음으로 공개한 제네시스는 전 세계 기자들의 플래시 세례를 받으며 힘찬 출발을 알렸다. 이어 미국의 유명 자동차 전문지들과 일간지들은 '흠잡을 데 없이 훌륭하다', '더 이상 말이 필요 없다' 등의 찬사를 쏟아내며 제네시스의 미국 입성을 반겼다.

뿐만 아니다. 2008년 ALG의 중고차 잔존가치 평가에서 제네시스는 고급차 부문 3년 사용 후 중고차 가치평가에서 렉서스를 추월하고 1위를 차지했다. 당시 평가에서 제네시스의 3년 사용 후 중고차 예상 가격은 신차의 50% 수준으로, 렉서스 47%, 캐디락 46% 수준보다 더 좋은 결과가 나왔다. ALG의 컨설팅을 받은 지 불과 1년도 되지 않아 그 성과를 거둔 것이다.

미국시장 점령을 위한 제네시스의 질주는 이후에도 계속됐다. 2009년에는 미국의 소비자협회가 발간하는 잡지인 컨슈머리포트가 선정한 '올해 최고의 차'로 선정됐고, 이어 '2009 북미 올해의 차

(NACOTY - North American Car of the Year 2009)'에 선정되었다.

글로벌 메이커들이 만든 수천 여종의 차가 각축전을 벌이는 만큼 '북미 올해의 차'로 선정되는 것은 모든 자동차 메이커들의 공통된 꿈이다. 2009년 당시까지 아시아에서는 유일하게 일본 메이커가 3번 선정됐고, 나머지는 모두 미국이나 유럽의 글로벌 메이커들이 차지했다. 진정한 탑이 아니고서는 감히 넘볼 수조차 없는 명실상부한 최고의 상인 것이다.

불과 10여 년 전만 해도 '일회용 차'라는 놀림을 받던 현대차가 '북미 올해의 차'로 선정되자 전 세계의 이목이 일순간 제네시스에 집중됐다. 더군다나 대형 세단으로는 아시아 최초로 제네시스가 선정되어, 그간 중소형 차 부문에서 상을 받았던 일본 메이커들조차 부러움의 눈길을 거두지 못했다.

'2009 북미 올해의 차' 이외에도 제네시스는 '캐나다 올해의 차' 등 한 해 동안 20여 개의 상을 수상하며 신차 중 가장 많은 상을 차지했다. 덕분에 내로라하는 글로벌 메이커들은 현대차의 저력과 그 안에 숨은 무한한 가능성에 초긴장할 수밖에 없었다.

꾸준한 노력 끝에 제네시스가 거둔 품질의 열매는 현대기아차 임직원 모두에게 큰 감동이 아닐 수 없었다. 전 세계에 한국의 힘을 알리고 현대기아차의 진정한 실력을 알리는 계기가 됐을 뿐만 아니라 내부적으로도 '할 수 있다, 하면 된다!'는 강한 의욕을 심어주었다.

퀄리티비티,
소통과 협업으로
완성하다

PART 04

이제는
퀄리티비티다

"늘어나는 주문량을 맞추려면 생산성을 더 올려야 하는데, 생산성을 올리면 품질이 떨어지니 참으로 난감하네요."

"어쩔 수 없지요. 공장을 새로 짓고 작업자도 더 늘리는 수밖에…"

"그러면 비용이 많이 증가돼 자동차의 가격이 오를 텐데, 판매가 다시 떨어지지 않을까요?"

"듣고 보니 그렇군요. 품질과 생산성 중 하나는 포기해야겠군요."

2000년 후반 무렵, 현대기아차는 품질향상에 따른 지속적인 판매의 증가로 품질과 생산성의 선택의 기로에 놓이게 된다.

"품질이 좋으면서 생산성도 높을 수는 없는 것일까?"

좋은 제품을 만들기 위해서는 '시간'이 더 소요돼 생산성이 떨어질 수밖에 없다는 것이 기존의 고정관념이었다. 신 부회장은 여기에 강한 의구심을 가졌다. 흔히들 최고의 퀄리티를 가진 명품의 제작과정을 설명할 때 '한 땀 한 땀'이란 표현을 쓴다. 그리고 한 땀 한 땀에 정성을 쏟으니 당연히 시간도 많이 걸릴 것이라고 예상한다. 하지만 명품을 만드는 작업자의 숙련도를 높이고 기술과 시스템적인 보완이 이루어진다면 품질과 생산성이라는 두 마리의 토끼를 모두 잡는 것은 결코 불가능한 일이 아니었다.

당시 현대기아차는 판매량의 증가에 따른 생산물량을 맞추는 것만이 당면 과제가 아니었다. 기술수준의 향상에 따른 고객 니즈의 변화로 자동차 시장 환경이 하루가 다르게 급변하고 있었기에 이에 신속히 대응하기 위해선 생산 공장의 제조경쟁력 확보가 절실했다. 제조경쟁력이 확보되지 않는 한 새롭게 공장을 짓고 작업자를 늘인다한들 급변하는 시장의 환경에 맞춰 대응하기가 불가능했다.

필요는 언제나 그것을 충족시킬 방도를 찾아내는 법이다. 신 부회장은 깊은 고심 끝에 2009년 현대기아차 고유의 신 관리기법인 퀄리티비티(Qualitivity) 기법을 개발해낸다.

퀄리티비티는 품질을 뜻하는 퀄리티(Quality)와 생산성을 의미하는 프로덕티비티(Productivity)의 합성어로 '품질생산성'을 의미한다. 신 부회장은 현대기아차의 제조품질을 궁극의 수준으로 끌어올릴 수만 있다면 생산성 향상은 저절로 따라오는 결과물이란 생각이 들었다. 그리고 이를 현실에서 구현할 수 있는 방법들에 대해 고민했고, 그 결과 퀄리티비티(Qualitivity) 기법을 개발해 구체적인 활동을 전개해 나갔다.

퀄리티킬러부터 잡아라

—

2009년부터 본격적으로 전개된 퀄리티비티 활동은 품질개선을 통해 생산성을 향상시키는 활동인 만큼 그동안 현대기아차의 품질생산성을 저해했던 요인, 즉 퀄리티킬러들을 모두 찾아내어 하나하나 개선 작업에 들어갔다.

우선 완성차 제조품질 확보를 위해 비효율적이거나 불편했던 생산현장의 작업조건들을 찾아서 개선함과 동시에 작업자의 숙련도 향상과 마인드 개선을 위한 교육과 훈련도 병행했다. 그리고 각 공장별 특성에 맞도록 관리기법을 최적화하고 제도화, 표준화 등을 활용한 공장관리를 통해 품질생산성을 향상하려 노력했다.

뿐만 아니다. 생산설비의 사전 점검과 개선을 통해 생산설비품질을 확보했고, 협력업체의 교육과 점검을 통해 부품품질도 확보했다. 그리고 표준 및 공정을 개선함으로써 생산시스템의 품질확보에도 노력을 기울였다.

퀄리티비티 운동은 완성차 공장을 비롯해 파워트레인, 그룹 부품 계열사, 정비, 영업, IT 등 여러 분야에서 동시에 시행되었다. 분야는 다르지만 사실 이 모든 것이 자동차의 품질과 연결돼 있었기에 따로 생각할 수 없다.

예를 들어 IT의 경우, 하이비스, 스마트박스 등과 같이 생산공장에서의 제조품질을 높이기 위한 시스템 그리고 생산설비의 상태를 실시간으로 점검하는 센서 등이 모두 IT의 영역이다. 때문에 IT 영역에서의 퀄리티킬러들을 사전에 잡지 않으면 불량인 제품이 그냥 새어나가거나 심할 경우 생산라인이 멈춰버릴 위험도 있다. 손실 비용도 어마어마하지만 무엇보다 다시 품질 나쁜 차로 전락할 위험도 있기에 반드시 이런 요인들을 사전에 찾아내어 개선할 필요가 있었다.

"무슨 일입니까! 왜 이렇게 계속 IT 고장으로 생산이 멈춰버리는 일들이 생기는 겁니까?"

"죄송합니다. 갑자기 고장이 나는 바람에 저희도 어쩔 수가 없었습니다. 최대한 빨리 복구하겠습니다."

IT 퀄리티비티 운동을 전개하기 이전만 해도 가만히 앉아 있다가 문제가 발생하면 그제야 원인을 분석하고 해결점을 찾아갔다. 이때 원인이 빨리 파악돼 복구가 신속히 이루어지면 그나마 다행이지만 어떨 경우 며칠이 걸려도 원인파악이나 복구가 안 되는 경우도 있다. 생산공장은 그 시간 동안 온전히 멈춰 서게 되니 현대기아차 입장에선 재난에 가까운 비상사태가 발생하는 것이다.

"매번 이런 식으로 사건이 터지고 나면 부랴부랴 수습을 하며 발만 동동 구를 겁니까? 다른 결과를 바란다면 여러분들의 방법론도 달라져야 합니다. 모든 장비는 생물체와도 같아서 시간이 지나면 고장도 나고 수명이 다 되기도 합니다. 그때를 기다렸다가 수리를 하는 게 아니라 미리 예측을 해서 문제가 발생하지 않도록 예방해야 합니다."

신 부회장은 IT에 문제를 일으키는 IT킬러가 무엇인지를 일일이 찾아내 기기가 고장 나기 전에 모두 개선하도록 지시했다. 그리고 그 결과를 주기적으로 점검했다. 이런 노력들 덕분에 이후로는 IT와 관련한 문제 건수가 79%나 줄어들었고, 고장이 났을 경우 복원하는 시간도 이전의 170분에서 30분으로 줄어들었다. 기술이나 실력은 이미 그들 안에 있었기에 방법론을 달리하는 것만으로도 엄청난 효과가 드러났다.

IT 분야 외의 다른 영역도 크게 다르지 않았다. 숨어 있는 퀄리티킬러들을 세세히 잡아내고 그것을 미리 개선함으로써 영업품질, 정비품질 등 각 영역의 품질을 끌어올려갔다.

퀄리티비티 평가로 모두의 실력을 끌어올리다

—

품질생산성 향상을 위한 노력과 더불어 그 성과가 지속적으로 유지되도록 하기 위해 2009년부터 완성차공장을 대상으로 〈퀄리티비티 평가제도〉를 시행했다.

퀄리티비티 평가제도는 전 세계 현대기아차 모든 공장을 대상으로 시행되며, 각 공장별로 생산된 차종을 기준으로 매월 시장품질, 대외품질, 공정품질을 종합 평가하고 공장 간 순위를 매긴다. 품질브랜드, 고객만족, 품질의식을 중심으로 평가요소가 구성되며, 세계적인 시장조사기관이나 미디어 등의 조사에서 최상위권의 성과를 거두면 가점을 주고 품질과 관련된 문제를 발생시키면 감점을 준다.

퀄리티비티 평가제도는 선의의 경쟁을 유도함으로써 품질의 상향 평준화 효과를 노린 것인 만큼 평과 결과에 따라 우수공장에는 상패를 수여하고, 실적이 저조한 공장은 특별관리가 이루어진다.

신 부회장이 추진하는 모든 전략들은 단순히 '하라!'는 지시만으로 끝나지 않는다. 전략의 큰 그림을 설명해주며 직원들 스스로 세부방법을 찾도록 유도하고, 필요하다면 타 부서들의 협력도 적극 지원해준다. 또한 단계별로 목표 수행 정도를 점검함으로써 목표한 것을 반드시 이루어내도록 이끈다.

퀄리티비티 평가제도도 마찬가지다. 실적이 저조한 공장의 경우 전사 경영진이 함께 모인 품질회의에서 무엇이 문제인지를 모두 찾아낸다. 해당 공장의 품질이 왜 나쁜지에 대해 상세히 분석을 해서 연구소 문제, 협력업체 문제, 공장 문제 등 각 문제의 근원지에 대한 분류작업을 한다. 그리고 각 부문에서 해당 공장의 품질 개선을 지원할 방안을 찾아오게 한다. 방안이 찾아지면 실제 해당 공장에 기술적인 지원이 들어간다.

덕분에 퀄리티비티 평가제도 시행 초기에 혹여 채찍을 맞지나 않을까 염려하던 공장들은 전사적인 지원과 협력에 오히려 크게 만족했다. 전사가 똘똘 뭉쳐 자신들 공장의 품질도 높이고 생산성도 높여주니 마다할 이유가 없는 것이다.

퀄리티비티 평가와 각 공장의 문제점 도출, 그에 따른 기술지원이 매달 반복되다보니 예상했던 대로 전체 공장의 품질수준이 다 함께 상승곡선을 그려갔다. 그 결과 내부적인 성장은 물론이고 경쟁사들과 비교해도 단연 월등한 품질생산성을 자랑하게 됐다.

생산공장의 품질과 생산성의 수준을 평가하는 대표적인 것으로 JD파워의 〈IQS 고장품질 플랜트 어워드〉와 올리버와이먼에서 주관하고 '하버 리포트'가 발표하는 〈북미 공장 생산성 어워드〉가 있다. 품질생산성 최우수 공장으로 선정되면 〈플랜트 위너〉에 오르게 되는데, 이는 고객에게 강한 신뢰감을 심어주어 판매에도 긍정적인 영향을 미치게 된다.

현대기아차는 IQS 고장품질 개선을 위해 차량 쏠림, 차량 잡소리, 페인트, 차체 갭단차 등 고질적인 문제들을 선정한 후 해결에 전력을 기울였다. 또한 불량차가 절대 시장으로 나가지 못하도록 하이비스 등을 통해 철저히 점검했다. 더불어 별도의 전담팀을 만들어 신차 품질 개선을 위한 노력을 기울였으며, 협력사 공정 진단을 통해 불량 부품이 입고되지 않도록 원천적으로 차단하고 있다.

한편 생산성 향상을 위해서는 생산설비의 사전점검 등을 통해 고장을 사전에 예방하여 가동 저해요인을 없앴다. 또 협력업체의 납품 관리에 만전을 기해, 부품이 없어 생산라인이 멈춰서는 일이 없도록 했다. 그 외에도 생산라인에서 작업자에 의한 작업지연이 일어나지 않도록 효율적인 인원 편성을 통해 업무 효율도도 높였다.

이런 구체적이고 전략적인 노력의 결과로 2009년 '하버 리포트'의 생산성 평가에서 현대차 미국 앨라배마 프레스 공장이 〈북미지역 생산성 최우수 공장〉으로 선정됐다. 뿐만 아니다. 현대차 앨라배마 공장은 2010년부터 2018까지 〈북미 공장 생산성 어워드〉에서 16년 단위공장 2위를 제외하곤 8년간 메이커 순위 1위, 엔진공장/프레스 공장 부문은 지속적으로 1위를 수성 중이다.

또 2014년 현대기아차는 11개의 글로벌 메이커 91개 공장 중 최고의 생산성을 인정받아 1위를 달성했다. 전사적인 퀄리티비티 운동을 통해 품질까지 함께 끌어올리며 얻어낸 결과물이었기에 더 값진 성과가 아닐 수 없었다.

갑을이 아니다, 동지다

"사랑한다면 손을 놓아라"

오래 전 자녀교육서를 읽으며 고개를 끄덕였던 문구이다. 갓 걸음마를 시작하는 아이의 손을 잡아주다 불현듯 언제까지 이 손을 잡아주어야 하는 것인지 고민에 빠지게 됐다. 마음이야 평생 그 손을 놓고 싶지 않지만 아이를 사랑한다면 마냥 손을 잡아줄 수는 없는 일이다. '자식을 진짜 사랑한다면 물고기를 주는 대신 물고기 잡는 방법을 알려주라'는 말처럼 마주 잡은 손을 놓음으로써 아이가 혼자 걸을 수 있도록 돕는 것이 부모의 참된 역할이다.

현대기아차와 같은 큰 기업에게 부품을 생산하고 공급하며 함께 나아가는 협력사는 자식과 다를 바 없다. 성장과 성공의 열매를 함께 나누는 것은 물론이고 위기 때는 생존의 방법도 함께 모색해야 한다. 그래서 대기업과 협력사는 계약에 의한 갑을관계가 아닌 공존공영의 동지관계이다.

2000년 정몽구 회장은 현대기아차를 현대차그룹으로 출범시키며 협력사의 실력과 품질확보에 대해 강한 의지를 표현했다. 실력이 따라주지 않는 협력사는 과감히 정리하고 "객관적 평가기준에 따라 공개적으로 협력사를 재선발하겠다."고 한 것이다. 기존의 협력사 입장에선 바짝 긴장할 수밖에 없었다. 하지만 공존공영을 위해선 반드시 필요한 과정이었다. 게다가 우량 협력사의 입장에선 기존의 부조리한 뒷거래가 사라지고 오로지 실력만으로 제대로 된 평가를 받게 되었으니 오히려 반가운 일이었다.

우수한 협력사를 선정하기 위한 현대기아차의 노력은 2001년 '5-스타제'라는 새로운 시스템을 만들어내면서 제도적으로 정착됐다. 현대기아차는 품질, 기술개발, 가격 등의 부문에서 객관적인 평가를 통해 별을 부여하고, 별의 개수에 따라 협력사를 선정하는 것은 물론 참여범위도 제한했다.

협력사 품질확보에 대한 정몽구 회장의 의지는 옥석을 가리는 것으로 끝나지 않았다. 중소규모의 협력사에 기술을 지도해주고 경영 컨설팅을 해주는 기구인 '자동차부품산업진흥재단'을 만들어 협력사의 경쟁력을 키우는 데도 힘썼다.

협력사 품질확보의 전진기지, PQIC

2010년 도요타는 가속페달의 결함으로 인한 대규모 리콜사태를 일으켰다. 2009년 미국에서 시작된 도요타의 리콜사태는 2010년에는 중국, 유럽까지 번져 총 1,000만 대가 넘는 차량을 리콜해야 했다. 낮아진 신뢰도만큼이나 판매역시 극감해 도요타는 존폐를 걱정해야 할 정도로 큰 위기를 겪었다.

전문가들은 당시 도요타 리콜사태의 원인 중 하나로 부품품질 육성실패를 꼽았다. 품질의 성장과 함께 세계 시장에서의 판매가 급증하자 도요타는 협력사 관리가 쉽지 않았다. 도요타 공장 주위에 수천 여개의 협력사가 모여 있던 일본과는 달리 미국에서 도요타 협력사들은 전역에 흩어져 있어 품질문제 발생 시 적시 대응이 힘들었다. 뿐만 아니다. 당시 도요타는 협력사와의 시장품질 검토를 위한 월례회의까지 축소한 상태였다. 결국 해외공장의 부품관리가 부실해지면서 품질의 저하를 유발한 것이다.

도요타의 경우에서도 알 수 있듯이, 자동차의 품질을 완성하는 큰 축 중 하나가 협력사의 부품품질이다. 현대기아차는 지속적인 품질개선으로 2000년대 중반 이후 해외 수출이 가속화되고 물량 또한 증가하자 협력사 품질확보를 위한 새로운 방안이 절실했다.

"한국에 앉아서 어떻게 미국시장을 알 수 있습니까? 미국 소비자의 니즈를 온전히 이해하기 위해서는 미국에서 직접 그들과 마주해야 합니다."

글로벌 자동차 시장의 경쟁이 강화될수록 해외 소비자들의 니즈 역시 까다로워지고 있었다. 그들의 니즈를 이해하고 만족감을 주기위해서는 권역별 시장에 맞는 맞춤형 품질전략이 필수였다. 부품이라고 해서 예외는 아니었다.

진정한 윈-윈 구조가 되기 위해서는 그들 스스로 품질을 연구하고 개발하며 수준을 끌어올리는 노력이 필요했다. 이전까지만 해도 협력사들은 현대기아차가 주는 시장 클레임 정보에만 의존하고 있었다. 때문에 협력사 입장에서 클레임 등의 문제에 대해 온전히 이해하기가 쉽지 않았다.

"이 서류만으론 도대체 뭐가 문제인지 정확하게 알 수가 없군요. 문제를 개선하기 위해선 좀 더 상세한 정보가 필요합니다. 그리고 불량 부품도 조금 더 확보해주세요."

당시만 해도 협력사들의 대부분이 시장 클레임에 대해 수동적인 태도를 보였다. 그래서인지 늘 정보가 부족하다는 핑계를 댔다. 하지만 그것은 정보가 아닌 마인드의 문제란 것이 신 부회장의 생각이었다.

"왜 늘 우리에게 기대려고 합니까? 내가 내 제품에 대한 주인이 되어서 어떻게 하면 품질이 강건한 제품을 만들 수 있는지 질문하고, 그 답도 스스로 찾아가야 합니다."

현대기아차가 모든 것을 파악해서 떠먹여줄 수도 없었지만 그래서도 안 됐다. 협력사를 진정한 동지로 생각한다면 그들 스스로 품질을 연구하고 개선하면서 실력을 키우게 할 필요가 있었다.

"이는 비단 우리 현대기아차만을 위한 일이 아닙니다. 지금처럼 우리만 바라보고 있다가는 우리의 위기에 여러 협력사 역시 함께 위기를 겪게 됩니다. 그러니 여러분들은 여러분 나름대로 살 길을 찾아야 합니다. 즉, 협력사 스스로 자생력을 키워 현대기아차에만 의존하지 않는 구조를 만들어야 합니다."

자식의 성장과 성공이 부모를 위한 일이 아니듯 협력사 품질 향상은 현대기아차만을 위한 일이 아니었다. 궁극적으로는 그들 자신을 위한 일이란 것을 이해하고 협력사 스스로 자생력을 갖출 필요가 있었다.

"클레임이 많이 발생하는 업체를 선정을 해서 미국, 유럽, 중국 등에 주재를 시킬 겁니다. 장소는 우리가 제공하되, 모든 체류 비용은 협력사가 부담해야 합니다. 각국의 시장으로 직접 나가서 왜 여러분의 부품이 클레임이 걸리는 것인지 연구를 해서 개선하고, 필요하다면 스펙도 수정하세요."

기존의 수동적인 태도를 능동적으로 바꾸고 품질 경쟁력을 갖춰 협력사 스스로 자생할 수 있도록 돕기 위해서는 이들을 시장으로 전진 배치할 필요가 있었다. 이런 필요성에 의해 탄생한 것이 '해외품질센터' 내에 위치한 '부품품질 혁신센터(PQIC: Parts Quality Innovation Center)이다.

2002년 품질총괄본부에서 일할 당시 신 부회장은 정몽구 회장에게 주요 해외시장에 현대기아차의 '해외품질센터'를 설립하자는 의견을 냈다. 현대기아차가 글로벌 메이커로 성장하기 위해서는 한국을 벗어나 세계시장을 바라볼 필요가 있었다. 특히 품질의 경우 현장에서 현물을 보고 그 시장에 맞는 맞춤형 품질을 구사해주는 것이 아주 중요했다.

정몽구 회장의 긍정적인 검토로 2004년 미국에 처음으로 해외품질센터를 설립하게 되고, 2008년 이후 유럽, 중국, 인도 등 주요 시장에 차례로 해외품질센터가 설립됐다. 신 부회장은 협력사 품질향상을 위한 해외 거점지인 부품품질 혁신센터를 해외품질센터 내에 둠으로써 건물과 시설투자에 대한 협력사의 부담을 덜어주는 것은 물론 상호협력을 통한 시너지 창출이 가능하도록 했다.

글로벌 경쟁사들이 믿고 찾는 현대기아차 협력사

—

"협력사는 구매본부에서 관리하는데 왜 부회장님이 나서서 저러시지?"

부품품질 혁신센터를 만들고 추진해가는 과정에서 구매본부와 협력사의 반발도 만만치 않았다. 부품품질 혁신센터 역시 회사 차원의 품질혁신의 일환임을 이해 못한 탓이다. 때문에 시행 초기엔 자발적 참여가 아닌 징벌에 가까운 강제적 참여의 느낌도 지울 수 없었다.

"여러분들의 제품이 목표품질을 달성하지 않으면 1년이든 10년이든 이곳에 있어야 합니다. 그러니 한국에 돌아가고 싶으면 현지의 이점 그리고 우리의 첨단설비와 시스템을 적극 활용해 스스로 실력을 키워나가세요."

협력사 직원들은 현지에 상주하며 차츰 부품품질 혁신센터의 운영 취지를 깨달아갔다. 현지에 있으면 시장에서 들어오는 불량이나 고장 난 부품을 직접 보며 분석할 수 있다는 장점이 있다. 또 그렇게 해서도 이해가 안 되는 것은 그 나라 전역을 직접 다니며 묻고 살필 수 있다. 그만큼 신속하고 정확하게 고장의 원인을 찾고 개선할 수 있는 것이다.

협력사 직원들은 하루라도 빨리 가족의 품으로 돌아가기 위해 적극적으로 업무에 임했다. 물론 그런 노력이 결국은 자신들의 회사와 스스로의 능력을 키우는 일도 되기에 신 부회장의 말처럼 현지의 이점 그리고 현대기아차의 첨단설비와 시스템을 적극 활용해 목표품질을 달성하려 노력했다.

한편 한국에 있는 협력사들이라고 해서 마냥 안심하고 있을 수도 없다. 부품품질 혁신센터로 파견 나가지 않은 나머지 업체들에게도 긴장감을 줄 필요가 있었기에 신 부회장은 품질 하위권 업체들을 3배수로 뽑아서 예비 업체 리스트를 만들었다. 목표품질을 달성하고 철수한 부품품질 혁신센터의 다음 자리를 채울 업체를 미리 선정하는 것이다. 덕분에 모든 협력사들이 품질개선을 위해 사력을 다할 수밖에 없었다.

"기존 문제의 개선은 물론이고 다음 차종이 나올 때에 반드시 개선된 부품이 장착된 신차가 나오도록 해야 합니다. 그리고 이곳에서 여러분들이 연구하고 개발한 것들의 그 자료를 축적해 여러분 회사의 자산으로 만드세요. 그래야지만 현대기아차에 의존하지 않는 자생력을 갖추게 됩니다."

부품품질 혁신센터의 기능은 부품고장의 원인을 찾고 개선하는 데 그치지 않았다. 그들의 연구 자료가 자산으로 축적돼 신차의 선행품질을 확보하는 것은 물론이고 협력사의 경쟁력을 갖추는 데도 도움이 되었다. 덕분에 부품품질 혁신센터에 상주했던 협력사들은 모두 그 결과에 크게 만족하며 돌아왔다. 과정은 힘들었을지라도 그 결과만큼은 달고 풍성했다.

그들 모두가 활동종료 후에 참여 전과 비교해 50% 이상의 클레임 개선율을 보였고, 자체적인 기술력과 품질노하우까지 갖추게 되어 한국에 돌아온 이후에도 지속적인 품질개선의 노력을 이어갔다.

"우리 회사도 당신들의 부품을 사용하고 싶습니다."

품질의 성장은 곧 성과로 이어졌다. 이전까지 상당수의 협력사들은 현대기아차에만 납품을 하고 있었다. 하지만 부품품질 혁신센터의 적극적인 활용과 협력사 간의 경쟁구도를 통한 품질향상 덕분에 외국의 경쟁 메이커에서도 납품을 의뢰하는 일이 크게 늘어났다. 현대기아차가 세계 시장에서 품질의 우수성을 인정받으니 부품을 생산하는 협력사 역시 그 실력을 인정받게 된 것이다.

이후 대표적인 협력사인 현대모비스의 경우, 해외 각 권역마다 자체적으로 품질센터를 운영하며 실력을 키워가고 있다. 서로의 성장을 돕는 진정한 윈-윈의 구조가 되기 위해서는 협력사 스스로가 품질확보를 위한 강한 의지와 노력을 갖춰야 함을 잘 알기 때문이다.

세포를 살려야
몸체가 산다

'기업의 제1 고객은 직원이다'라는 말이 있다. 직원을 만족시키지 않는 기업은 고객도 만족시킬 수 없다. 고객 만족의 열쇠를 쥔 이가 직원이기 때문이다.

직원 만족은 단순히 높은 임금, 편안한 업무, 만족할 만한 복리후생만으로 이루어지는 것은 아니다. 만약 그것만이 기준이 된다면 직원들은 언제든 더 나은 조건을 제시하는 회사로 떠날 것이다.

직원을 만족시키기 위해선 반드시 필요한 게 있다. 바로 회사가 자신의 역량을 키워주고 일에 대한 열정을 느끼게 해주는 것이다. 물론 직원 스스로 이런 노력을 하면 더없이 좋겠지만 그것은 바람일 뿐 현실은 그리 녹록치 않다. 때문에 회사가 다양하고 지속적인 교육을 통해 직원의 역량을 키우고 열정을 불어넣어줄 필요가 있다.

"이게 다 뭡니까?"

신 부회장이 부회장으로 진급하고 얼마 되지 않았을 때이다. 해외 출장을 다녀온 한 중역이 서른 장이 넘는 보고서를 신 부회장에게 내밀었다. 게다가 출장보고서를 백업해주기 위한 자료를 얼마나 많이 준비했던지, 세 명이나 되는 직원이 낑낑대며 나눠 들고 왔다.

"뭐가 이렇게 많습니까? 내가 이걸 언제 다 읽습니까!"

대여섯 장 정도면 충분할 것을 서른 장 넘게 구구절절 써온 데다 백업자료까지 그 몇 배로 준비한 것에 대해 신 부회장이 크게 호통을 쳤다. 더군다나 그 많은 백업자료들을 준비하느라 직원들은 밤새 집에도 못 가고 있었을 것이 뻔했다.

"직원들이 당신 출장보고서 백업하라고 있는 사람들입니까? 상사라는 사람이 직원들의 능력을 키워주지는 못할망정 오히려 그들의 시간과 능력을 죽이고 있습니까!"

직원 교육에 남다른 관심과 열정을 가진 신 부회장의 입장에선 한심하다 못해 화가 나는 일이었다. 물론 이것은 해당 중역만의 문제가 아니었다. 서류의 두께가 곧 업무에 대한 능력과 열정이라 믿었던 기존의 잘못된 업무관행도 문제였고, 본인의 업무에 아무렇지도 않게 직원들의 시간과 능력을 죽이는 상사들의 개념부족도 문제였다.

기업이 성장하기 위해선 하나하나의 세포와도 같은 직원들이 성장해야 한다. 세포가 건강해야 몸이 건강하듯이 직원들의 역량과 열정이 넘쳐야지만 기업도 활력을 찾고 성장한다.

교육으로 직원들을 춤추게 하라

―

"우리 과에는 왜 아무도 지원을 안 하죠?"

신 부회장이 입사 초기 울산공장 기술교육과에 근무할 때만 해도 신입사원 중 지원자가 없어 곤란을 겪어야 했다. 정비와 관련된 책을 만드는 일이 주된 업무다보니 머리는 물론 몸까지 고될 게 예상되어서다.

"힘이 들면 비전이라도 있든지, 비전도 없잖아. 거기 가면 해외 주재는커녕 출장도 자주 못 가고, 진급까지 잘 안 되니 누가 가려고 하겠어?"

틀린 말은 아니었다. 상황이 이러니 지원자가 나타나주길 마냥 앉아서 기다릴 순 없었다. 목마른 사람이 우물을 판다고, 신 부회장은 자신이 직접 함께 일할 직원들을 선별해서 불러 모았다.

"아, 왜 하필이면 기술교육과야!"

기술교육과로 발령이 난 직원들은 원하지 않는 곳으로 오게 된 탓에 불만이 이만저만이 아니었다.

"왜 우리 과는 해외출장이나 주재도 못 나가고 진급이 잘 안된다고 생각하세요? 우리가 어떻게 하느냐에 따라 얼마든지 우리도 그것들을 다 할 수 있습니다."

단순한 허세가 아니었다. 신 부회장에게 이미 계획이 준비돼 있었다. 당시 현대차는 해외수출이 늘면서 해외정비의 중요성이 커지고 있었다. 이에 신 부회장은 세계 각국의 현대차 서비스 매니저와 정비사들을 울산공장으로 초대해 정비와 관련된 교육을 하고 있었다. 교육에 대한 호응이 좋았던 만큼 교육의 횟수나 범위를 확대할 필요가 있었다.

신 부회장은 기술교육과 신입사원들을 모아놓고 수시로 교육을 했다. 그들을 해외정비 교육강사로 키울 생각이었다. 자신만의 전문영역을 구축하는 것이기에 직원 개인의 성장에도 도움이 되고 회사에도 꼭 필요한 일이었다.

실제로 이후부터 기술교육과는 해외 출장을 나갈 일도 늘었고, 능력이 우수한 직원은 승진은 물론이고 원한다면 해외주재도 보내줬다. 직원들의 능동적이고 적극적인 업무태도 덕분에 해외정비의 영역이 그 중요성을 인정받았던 만큼 이는 당연한 결과였다.

교육을 통해 직원들의 능력을 키우는 것 외에 신 부회장이 중요하게 생각한 것이 소통과 공감이다. 돈과 지위, 능력 등 많은 것을 가진 회사의 최고 리더라 할지라도 혼자서 이룰 수 있는 것은 극히 드물다. 또한 강력한 카리스마로 창출하는 성과에도 분명한 한계가 존재한다. 결국 직원들이 스스로 움직여 함께 이루게끔 마음에 불씨를 피워주는 것이 리더의 역할이다.

신 부회장은 새로운 전략을 추진할 때마다 직원들을 대상으로 지속적인 교육을 했다. 제아무리 좋은 전략과 프로세스를 마련해두어도 정작 그것을 활용하고 따라줄 사람이 없다면 무용지물이 되고 만다. 조직도 마찬가지다. 마음이 움직이지 않은 행동은 그저 형식에 그칠 뿐이다.

리더가 "가자!"라고 외친다고 해서 전력을 다해 뛰는 직원은 별로 없다. 쭈뼛쭈뼛 주위 눈치나 살피며 뛰는 척 할 뿐이다. 그러다 사람들의 걸음이 느려지면 기다렸다는 듯 슬쩍 멈춰 선다.

직원들의 전력을 이끌어내기 위해서는 '무엇을 향해 가야하고, 왜 가야하며, 어떻게 가야하는지'에 대해 직원 모두에게 이야기하고 공감을 이끌어야 한다. 이를 위해 필요한 것이 교육이다. 교육은 그들의 마음을 올바른 방향으로 잡아주고 실력을 향상시켜 전력을 다해 함께 나아갈 수 있게 해준다.

"교육이야말로 직원을 위해 해줄 수 있는 최고의 복리후생제도이다."

일본전산 나가모리 시게노부 회장의 말이다. 그는 "입사한 지 10년이 지나면 연봉을 3배는 받을 수 있어야 하고, 20년이 지나면 신입 직원과 5배 정도의 격차가 있어야 한다."고 했다. 물론 그 정도의 연봉을 받기 위한 조건도 내걸었다. '실력에서는 5배', '의식에서는 100배'까지 차이가 나야 한다는 것이다.

"그 정도로 비약적 성장이 가능한 교육과 자기계발 붐이 일어나야지만 조직은 생기를 잃지 않는다."

나가모리 시게노부 회장은 '실력에서는 5배', '의식에서는 100배'라는 비약적인 성장을 직원 개인의 숙제로 남겨두지 않았다. 오히려 기업이 교육과 시스템으로 직원을 성장시킬 책임이 있음을 강조했다.

직원을 대상으로 한 기술이나 마인드 교육의 효과는 직원 개인의 성장으로만 끝나지 않는다. 교육을 통해 성장한 직원들의 역량과 열정은 곧 회사의 성장을 이끈다.

어느 직원이든 업무에 대한 기본적인 능력은 갖춰져 있다. 그 능력을 어디에 어떻게 사용할지 길을 보여주고, 그 길을 열심히 달려갈 수 있도록 동기를 부여해 그들의 열정에 불만 당겨주면 된다. 그게 회사의 역할이다.

최고가 되려면 직원부터 최고로 만들어라

—

기업에 있어 성장과 발전 못지않게 중요한 과제가 영속성의 확보이다. 지난 100년을 되짚어보라. 국내외 유명 기업 중 한때 최고의 자리까지 올랐지만 결국 역사의 뒤안길로 사라진 기업들이 얼마나 많은가. 그렇다면 그 어느 기업도 앞으로의 100년 그리고 그 이후의 100년들을 무사히 보낼 수 있으리라 장담할 수 없다.

기업이 교육을 통해 직원을 성장시키면 그 직원이 기업을 발전시키고 지켜낸다. 시장의 변화와 고객의 니즈를 반영한 탁월한 전략을 수립하고 뛰어난 리더십으로 기업을 올바른 방향으로 이끄는 것도 사람이고, 위기 속에서 살아날 길을 모색하는 것도 결국 사람이다.

이처럼 기업에게 있어 직원 교육은 선택이 아닌 필수인 만큼 일회성이나 단기적인 과제로 끝나서는 안 된다. 교육은 체계적인 시스템으로 정착돼야 한다. 그래야지만 기업을 이끌던 유능한 인재들이 사라져도 다시 그 자리를 채워 더 힘껏 기업을 이끌어갈 새로운 인재들이 등장한다.

현대기아차는 파이롯트센터, 생산기술본부, 구매본부, 품질본부 등 각 부분별로 품질확보 교육을 일관성 있게 진행하고 있다. 파이롯트센터에서는 생산라인의 조반장들을 비롯해 업무의 핵심이 되는 작업자들에게 양산 이전에 실제 작업 조건과 같은 상황에서 훈련하는 선행교육을 실시하고 있다. 그리고 생산기술본부에서는 생산공장 설비와 똑같은 조건이 갖춰진 ME-GTC(Manufacture Engineering Global Training Center)를 활용하여 해외 현지작업자까지 모두 선행교육을 하고 있다.

뿐만 아니다. 구매본부는 글로벌품질확보동을 활용하여 단품 및 시스템 간의 부품 품질을 양산 이전에 선행하여 검증하고 교육 중이다. 또한 각 공장별 생산공장에서는 신차가 양산되기 이전에 모든 작업자들이 조립품질센터에서 수차례의 선행교육을 받은 후에 현장에 투입된다. 그리고 품질본부는 SQ-Library를 활용하여 고객 실사용 조건에서 품질을 연구한다.

이 외에도 현대기아차는 다양한 프로그램을 통해 각 본부별 특화된 교육 및 통합 교육을 실시해 직원들의 역량을 성장시키고 업무에 대한 열정을 키울 수 있도록 돕고 있다. 특히 2014년 현대기아차는 막대한 예산을 투입해 울산공장과 화성공장에 글로벌 품질트레이닝 센터를 마련했다. 현대기아차가 글로벌 탑을 향해 달려가는 만큼 직원들 역시 글로벌 최고 수준의 역량과 태도를 갖출 필요가 있기 때문이다.

글로벌 품질트레이닝센터는 직원들의 마인드와 역량을 글로벌 최고 수준으로 성장시키고, 소통과 협업을 통해 고객중심의 품질문화를 구축하기 위한 교육의 장이자 시스템이다. 때문에 국내외 현대기아차의 임직원은 물론이고 협력사 직원도 교육을 위해 이곳을 자유로이 활용할 수 있다.

글로벌 품질트레이닝센터는 현물과 체험 중심의 전용교육장으로, 문제가 되는 부품을 직접 눈으로 보고 도면과 비교하면서 원인을 찾아갈 수 있다. 또 새롭게 개발된 신기술의 경우 실제 차에 적용 시 어떤 문제들을 일으킬 수 있는지 조건별 문제발생에 대한 시뮬레이션

검증도 가능하다. 그리고 직접 차를 분해하고 조립할 수 있도록 해 차량의 구성 원리를 이해하도록 돕고, 연구소 및 다양한 분야의 전문가를 초청하여 이론 교육을 병행 실시함으로써 직원들이 미래품질인으로서의 전문적인 역량을 갖출 수 있도록 지원하고 있다. 이 외에도 전기 및 수소차 전문가를 육성하고, 인공지능 및 자율주행과 관련한 기술연구를 통해 미래에 대한 대응을 준비 중이다.

글로벌 품질트레이닝센터의 또 다른 차별점은 소규모 그룹의 심층 교육이 가능한 장소들이 갖춰져 있다는 점이다. 벽 전체가 글을 쓰거나 자료를 비출 수 있는 대형 화면으로 되어 있는 이곳은 특정 분야의 심층 교육이 필요한 직원들을 소규모로 불러 전문강사가 교육을 하고 토론을 하는 장소이다.

직원들을 교육하는 전문 강사 역시 별도의 전문교육 시스템을 통해 양성된다. 직원 모두가 서로가 서로의 성장을 돕고 이끌어 가는 셈이다.

앞서 말했듯이 현대차 설립 초기엔 전문적인 교육 시스템이 부족했기에 신 부회장처럼 직원 교육에 강한 의지를 가진 특정 개인이 나서서 이끌어가야 했다. 하지만 수십 년의 세월이 흐르는 동안 현대기아차는 다양한 시스템으로 직원 교육을 정착시켰으며, 교육 내용 또한 전문성과 다양성을 갖추게 됐다. 그리고 이런 노력은 앞으로도 쭉 이어질 것이라 기대된다. 기업의 성장과 성공을 이끄는 것은 결국 사람이란 것을 잘 알기 때문이다.

백짓장도 맞들면 낫다는데
하물며 자동차는?

미국의 유명한 신발의류쇼핑몰을 운영하는 자포스(Zappos)는 직원들끼리 서로 도움을 주고받는 문화가 잘 정착돼 있다. 자포스 신입사원들의 업무 대부분이 혼자서는 수행하기 어려운 수준의 것들이라고 한다. 물론 여기에는 업무를 지시한 상사의 깊은 뜻이 숨어있다.

신입사원들이 본인에게 주어진 업무가 혼자서는 하기 힘든 것이란 것을 스스로 깨닫고 자연스레 다른 사원들에게 도움을 요청하도록 하기 위해서이다. 이렇게 입사 초기부터 서로에게 도움을 청하고 도움을 주는 일이 빈번하다보니 자포스 직원들은 서로 도움을 주고받는 것을 당연한 것으로 여긴다. 물론 도움을 주고받는 것에는 팀이나 부서의 장벽도 없다. 협업이 건강한 사내 문화로 정착된 것이다.

"나는 당신이 할 수 없는 일을 할 수 있고, 당신은 내가 할 수 없는 일을 할 수 있습니다. 따라서 우리는 함께 큰일을 할 수 있습니다."

마더 테레사의 말이다. 우리가 왜 서로 도움을 주고받아야 하는지 그 이유에 대한 가장 명쾌한 답이 아닐 수 없다. 친해지고 싶거나 혹은 괴롭히고 싶은 숨은 의도가 있지 않다면, 혼자 할 수 있는 일을 굳이 다른 이에게 도와 달라 부탁할 이유가 없다. 우리가 서로에게 도움을 구하는 것은 나에게 부족한 것을 채워 더 나은 결과를 창출하기 위해서다.

조직이나 기업 등에서 구성원들의 협업을 강조하는 이유도 이와 다르지 않다. 혼자 이룰 수 있는 것은 많지 않으니 서로 돕고 함께 하며 시너지를 발휘하라는 것이다. 한 줌의 흙들이 모여 태산을 이루었듯이 직원 개개인의 능력이 함께 모여 기업을 성장시키며 성공으로 이끌어간다.

개인의 지식과 노하우, 시스템과 프로세스로 뭉치다

—

"이대로는 안 됩니다. 지금처럼 제 각각 흩어져 있다가는 다 같이 죽습니다. 지금부터 여러분들 책상 속에 꽁꽁 숨겨두었던 것들을 모두 꺼내세요. 그리고 그것들을 모두 모아 '우리의 것'으로 만드세요."

2009년 부회장으로 취임한 후 생산기술본부를 맡게 된 신 부회장은 기존의 잘못된 업무관행들을 바꾸는 것을 시작으로 새로운 혁신을 시도한다. 자동차회사에서 기술을 다루는 부문은 크게 두 군데다. 자동차를 개발하는 연구개발부문과 자동차의 생산기술과 공장기술을 다루는 생산기술부문이 바로 그것이다.

이들은 기술을 다루는 부문이다 보니 자부심이 강하고, 강한 자부심만큼이나 장벽도 높다. 이는 비단 부서나 팀 간의 장벽만을 의미하지는 않는다. 개개인이 자신의 능력에 대해 과대평가하는 경향이 강하고, 자신이 가진 정보나 지식이 자신을 지켜줄 비기인 양 책상 서랍 속 깊숙이 숨겨두고 꺼내놓질 않았다.

그도 그럴 것이, 이전까지만 해도 생산기술 업무의 프로세스가 체계화되어 있지 않은 탓에 이렇다 할 업무 매뉴얼도 없었다. 해당 담당자의 지식과 경험만이 유일한 업무 길잡이가 됐다.

"이건 나만의 자산인데 이걸 왜 다 같이 공유해야합니까?"

"그게 왜 최 과장님의 자산입니까? 회사 업무를 통해 축적된 노하우이고, 업무시간을 활용해 정리를 해둔 것이니 그것은 당연히 회사의 자산입니다."

직원들을 설득시키는 과정도 쉽지만은 않았다. 자신의 자리를 지켜줄 가장 강력한 무기인 만큼 쉽게 내놓으려 하지 않았다. 하지만 회사의 귀한 자산이 개인의 책상 서랍 속에서 썩고 있는 것을 보고만 있을 수는 없었다. 특히 2009년부터 전사적으로 펼치고 있는 퀄리티 비티 활동을 효과적으로 수행하기 위해서는 생산공장의 업무 프로세스의 표준화가 필수적이었다.

신 부회장은 TFT를 구성해 프레스, 도장, 차체, 의장, 파워트레인, 금형 등 생산기술 전 부문의 업무를 유형별로 분과하고 각 담당을 정했다. 그리고 생산기술 전 직원의 지식과 경험을 모두 끌어내어 신차 개발 및 신공장 건설에 관한 이력과 노하우를 모아 각 부문의 업무 프로세스를 매뉴얼로 정리하도록 지시했다.

"기존에 하던 대로 하면 되지, 왜 번거롭게 일을 만드는지 몰라."

7개월의 긴 기간을 거치며 32권의 생산기술 업무 매뉴얼이 탄생되기까지 중역들의 반발도 만만치 않았다. 생산기술부문의 업무 자체가 워낙 방대하다보니 그것들을 집대성 해 매뉴얼로 정리한다는 것 자체가 불가능하게 여겨졌던 것이다. 하지만 막상 32권의 매뉴얼이 완성되고, 이를 통한 효과가 즉각 나타나자 다들 그제야 고개를 끄덕였다.

"신차 초기 가동률이 왜 50% 정도 밖에 안 됩니까?"

"원래 신차 가동률을 정상 궤도까지 올리려면 최소 6~7개월은 걸립니다."

신 부회장의 호통에 담당자는 황당하다는 표정을 지었다. 도요타나 폭스바겐 등 내로라하는 글로벌 메이커들도 신차를 정상 가동시키려면 다들 그 정도의 기간이 소요되는데 왜 그렇게 유난을 떠느냐는 것이다.

"수천억 원을 들여 개발한 신차의 생산이 정상 궤도까지 오르기까지, 그 6~7개월의 손실은 누가 책임을 집니까! 왜 신차 초기 가동률을 더 높일 생각은 안 하는 거죠?"

생산기술 업무 매뉴얼이 완성되기 전만 해도 신차가 생산공장에 투입되면 초기 몇 달간은 정상 가동률을 내지 못하는 것을 당연하게 여겼다. 하지만 매뉴얼 완성 이후 첫 생산에 들어간 차종이 일주일 만에 95%의 가동률을 보이니 다들 할 말을 잃었다. 개개인의 지식과 노하우들이 하나로 뭉쳐 체계화되고 시스템화 되니 상상하지도 못한 강력한 힘을 발휘하는 것을 직접 눈으로 확인한 것이다.

놀란 것은 현대기아차 생산공장만이 아니었다. 신차 투입 초기 가동률이 95%에 달할 것을 전혀 예상치 못했던 협력사들은 물량을 맞추느라 그야말로 초비상 사태가 됐다. 불과 얼마 전까지만 해도 생산라인이 100% 가동되기까지 6~7개월의 시간이 소요됐던 탓에 그들도 그 속도에 맞춰 제품을 준비했던 것이다.

울산공장은 시작에 불과했다. 이후 신 부회장은 세계 전역의 현대기아차 공장에 생산기술 업무 매뉴얼을 투입했고, 기대했던 대로 큰 성과를 거뒀다. 이런 노력의 결과로 현재 전 세계 현대기아차 공장은 신차 투입 첫날의 가동률이 98%에 달하고, 둘째 날이 되면 대부분 100% 정상 가동된다.

소통과 협업의 결정체, Q-cluster

—

통즉불통, 불통즉통(通卽不痛, 不通卽痛). 허준의 동의보감에 나오는 글이다. 통하면 아프지 않고 통하지 않으면 아프게 돼 있다. 한 사람의 몸도 이럴진대 수많은 사람이 모여 한 방향을 향해 달리는 기업은 오죽할까. 서로의 마음이 엇갈려 우왕좌왕하는 사이 길이라도 막혀버리면 기업은 방향을 잃고 쓰러지게 된다. 기업이 막힘없이 통할 수 있기 위해서는 그 안에 있는 사람들이 서로 손을 잡고 끌어주고 밀어줘야 한다. 그래야 같은 방향을 향해 꾸준히 나아갈 수 있다.

"저렇게 해서 과연 품질이 개선될까? 저들은 도대체 뭘 보고 업무를 하지?"

2009년 연말을 맞아 국내 공장들의 각 본부를 둘러보며 신 부회장은 고개를 내저었다. 생산기술부문이든 품질부문이든 자동차의 품질을 개선하려면 현장에서 실물을 살피고 다른 직원들과 교류하며 문제점을 찾고 해결방안을 모색해야 한다. 그런데 대부분의 직원들이 고개를 숙인 채 서류 속 글자만 바라보고 있는 것이 아닌가.

"어떻게 끌어올린 품질인데 이대로 무너지게 내버려둘 수는 없지."

직원들을 나무란다고 될 일이 아니었다. 특정 개인의 문제가 아닌 조직 전체의 문제였기에 결국 업무 시스템을 개혁함으로써 조직의 변화를 이끌어야 했다. 신 부회장은 40여년 이상을 유지해온 현대차의 업무 시스템을 대대적으로 개혁할 필요를 느꼈다. 더 이상 생산자 기준의 사내품질로는 고객의 마음을 끌 수 없었다. 고객에게 선택받기 위해서는 전사가 소통하고 협업해서 시장과 고객중심의 품질을 선제적으로 개발해 들어가야 했다.

"품질, 기술, 연구, 생산, 영업, 협력사 등 모든 영역은 편의상 각 부문으로 분리되어 있지만 결코 독립된 영역이 아닙니다. 오히려 하나의 제품을 탄생시키려면 더 밀접하게 연결되고 협업해야 합니다."

품질은 품질본부만의 고유 영역이 아니었다. 연구개발도 연구소만의 고유 영역이 아니고, 마케팅도 마찬가지였다. 모든 부문들이 그 안에서 연구개발, 품질, 설비, 마케팅 등 다양한 활동을 하고 있었고, 때문에 타 부문의 도움이 절대적이었다. 그럼에도 다들 도움을 요청할 생각조차 하지 않고 있었다.

"이제부터 각 부문은 주인공도 되고 조력자도 될 것입니다. 품질본부가 주인공이 되면 타 본부들은 품질본부를 적극적으로 돕는 조력자가 돼야 합니다. 마찬가지로 공장이 주인공이 되면 타 본부들이 공장을 적극적으로 도와야 합니다. 이렇게 도움이 필요한 순간이 되면 전사가 함께 뭉쳐서 협업하는 시스템, 이것이 바로 '품질 클러스터(Q-cluster)'입니다."

신 부회장은 현대기아차의 협업 시스템에 대한 밑그림이 나오자 각 본부의 본부장과 실무자들을 불러 상세히 설명했다. 그리고 그들 중 누구라도 고개를 갸웃거리면 이해가 될 때까지 반복해서 설명했다. 뿐만 아니다. 여러 현장을 돌며 품질 클러스터에 대한 실행이 미흡해보이면 다시 불러 또 설명을 해줬다. 이해하고 공감해야지만 함께 움직일 수 있기 때문에 모두가 고개를 끄덕일 때까지 몇 번이고 거듭 설명해줬다.

"내가 먼저 서비스하세요. 각 부문마다 우리 본부의 도움을 필요로 하는 것이 있다면 무조건 달려가서 적극적으로 서비스하세요. 그래야지만 우리도 상대의 적극적인 도움을 받을 수 있습니다."

신 부회장은 다른 영역에서의 적극적인 협조를 얻기 위해서는 내가 먼저 진심을 다한 서비스를 해줘야 함도 강조했다. 도움받기를 바라면서 선뜻 도움주기를 망설인다거나, 저울의 눈금을 살피며 준 것과 받은 것을 계산하고 있다면 기업은 결코 한 방향으로 나아가지 못하기 때문이다.

미국 작가 켄 블랜차드는 "우리 모두를 합친 것보다 더 현명한 사람은 없다."고 했다. 낱개로 흩어져 있던 구슬들이 하나로 엮여 아름다운 목걸이로 완성되듯이 직원 개개인의 재능과 노력 역시 소통과 협력으로 결과물을 완성해 간다. 높고 두터운 담을 허물어 길을 만들고, 멀게만 느껴지던 목표물을 성큼 앞으로 당겨오는 힘은 혼자가 아닌 서로 맞잡은 손에서 나온다.

마인드셋 이노베이션으로 뼛속까지 혁신하다

PART 05

그 돈에 그 정도면 됐지, 뭘 바래!

"우리는 오늘 우리의 생각이 데려다 놓은 자리에 존재한다. 그리고 우리는 내일 우리의 생각이 데려다 놓을 자리에 존재할 것이다."

영국 작가 제임스 앨런은 생각이 우리의 자리를 결정한다고 했다. 생각이 변하지 않는다면 우리는 어제도 오늘도 그리고 내일도 늘 그 자리에 머물 것이다. 그리하여 결국은 서서히 혹은 생각보다 빠르게 뒤처지고 사라질 것이다.

"내가 그걸 어떻게 해?"

"내가 그걸 왜 해?"

기업 혁신의 단초도 생각이다. 지금과는 달라야 한다, 더 나아져야 한다는 생각이 걸음을 옮기게 한다. 하지만 현재의 것에 만족하며 달라지거나 더 나아질 생각을 않는다면 기업 역시 늘 그 자리에 머물 것이다. 급격한 환경변화와 치열한 경쟁 속에서 늘 같은 좌표를 유지하는 기업의 미래는 사라지는 것 외엔 없다.

"두렵나요? 자신이 없나요? 아니면 지금의 우리 모습에 충분히 만족하나요? 그게 아니라면 달라져야 합니다. 우린 할 수 있습니다!"

신 부회장은 현대기아차의 크고 작은 변화와 혁신을 추진하며 늘 직원들의 마인드 교육을 직접 챙겼다. 그리고 항상 교육의 말미엔 '할 수 있다!', '하면 된다!'는 말로 모두에게 힘을 불어넣어주었다. '할 수 있다, 하면 된다'는 긍정의 생각이 그것에 걸맞은 좋은 결과를 가져온다는 것을 알기 때문이다.

우리 차 좋은데 왜 다들 난리야!

—

"지금 이대로 간다면 우리 회사는 곧 망합니다. 일회용 차가 뭡니까! 제발 그 오명만은 벗을 수 있도록 다 같이 노력하면 안 될까요?"

1991년 현대차 미국 판매법인(HMA, Hyundai Motor America)에서 근무를 시작하며 신 부회장은 현대차 품질의 현실을 생생하게 보게 됐다. 당시 맡은 업무가 정비 코디네이터이다 보니 고장이 난 차를 더 신속하고 정확하게 고쳐주며 책임을 다하는 것 외엔 뾰족한 방법이 없었다. 하지만 그것만으론 문제가 해결되지 않는다는 것을 잘 알고 있었다. 문제 해결의 본질은 애초에 고장이 나지 않는 품질 좋은 차를 만드는 것에 있었다.

이런 이유로 신 부회장은 틈만 나면 한국의 본사와 공장에 전화를 해 미국시장의 현실을 알리며 품질개선의 필요성을 강조했다. 하지만 소귀에 경 읽기가 따로 없었다.

"이것을 보세요. 이게 모두 미국 소비자들이 우리 현대차에 대해 불만을 얘기한 것들입니다."

심지어는 없는 시간을 쪼개어 한국으로 직접 날아가기도 했다. 그

때마다 현대차 품질과 관련한 미국 소비자의 불만 사항들을 조사한 자료를 들고 가 조목조목 따졌다. 하지만 역시나 큰 관심을 두지 않았다.

"한국에선 멀쩡한 우리 차가 왜 미국만 가면 고장이 나고 난리이지?"

당시만 해도 현대차 경영진들은 현대차의 품질에 문제가 있는 것이 아니라 미국 운전자들의 운전습관이 잘못된 것이라 여겼다. 게다가 부자나라답게 그들이 아주 까다로운 성향을 지녔다고 생각했다. 문제의 원인이 내가 아닌 상대에게 있다고 생각한 것이다.

"부자나라는 역시 다르군요. 차에서 소리 좀 나는 게 무슨 대수라고, 쯧쯧."

소음만 해도 그렇다. 미국의 도로나 기후 등 주행환경을 전혀 고려하지 않았던 당시의 현대차는 주행 중 소음은 물론이고 브레이크를 밟을 때마다 끽, 찍 하는 기분 나쁜 소음의 발생이 잦았다.

자동차 선진국인 미국에서는 차를 단순한 이동 수단의 도구로만 생각하지 않았다. 편안함과 쾌적함, 나아가 행복감까지 느낄 수 있는 문화공간의 의미도 컸다. 그런데 주행 중에 발생되는 소음으로 인해 감성적인 만족감이 깨지고 오히려 불쾌함까지 밀려오니 불만이 클 수밖에 없었다.

물론 현대차 경영진의 말이 완전히 틀린 것은 아니었다. 당시 한국에서 현대차를 산 소비자들은 자동차의 품질에 큰 불만을 느끼지 못했다. 우선은 비교 대상이 없었다. 품질 좋은 차에 대한 기준 자체가 없으니 그저 자가용이 있다는 것만으로도 흐뭇하고 좋았다. 그리고 무엇보다도 미국에서처럼 잦은 고장이 나지 않았다. 차가 주행 중에 멈춰 서버리는 일은 거의 일어나지 않았다.

미국과 우리나라는 도로조건이나 기온, 운전자 습관 등 많은 점이 다르다. 예컨대 미국은 도로가 아스팔트가 아닌 시멘트로 된 곳이 많아서 표면의 요철이 심하다. 때문에 아스팔트 도로에 비해 타이어 마모가 심하고, 주행 시 소음이 심하며 제동거리도 상대적으로 길다.

이처럼 미국에 진출한 현대차는 우리나라와는 다른 주행환경과 조건 때문에 일어나는 문제들이 많았다. 그럼에도 자동차 선진국인 미국에서는 '주행환경이 다르다'는 것이 잦은 고장에 대한 변명이 될 수는 없었다. 대부분의 메이커들이 외국 시장에 진출을 계획할 때는 그 시장의 환경에 맞는 품질을 연구하고 오기 때문이다. 이런 관점에서 볼 때 현대차는 시장을 위한 품질의 준비는 물론이고 그럴 마음조차 준비되지 않은, 오만한 왕초보였다.

벌거벗겨 민낯을 보게 하다

–

"우리 차가 어때서? 좋기만 하구만."

현대차가 미국에 진출해 일회용 자동차라는 조롱을 받고 있을 때, 현대차 경영진들은 사태를 그리 심각하게 받아들이지 않았다. 그도 그럴 것이, 현대차 입장에선 현대 로고를 단 자동차가 미국 도로를 활주하는 것만으로도 충분히 만족스러웠다. 보는 것만으로도 배가 부른 데 뭘 더 개선하고 뭘 더 노력하겠는가.

당시 현대차는 차를 많이 팔고 싶다는 막연한 바람만 있었지, 잘 만들어야 된다는 책임감이나 어떻게 하면 잘 만들 수 있을까에 대한 고민이 약했다. 현대차의 이런 태도는 협력사에까지 영향을 미쳤다. 미국에서 현대차의 판매가 저조한 것은 품질의 문제가 아닌 미국 판매법인 직원들의 무능함 때문이라는 생각이 강했다.

"우리가 한국에서 이 정도로 노력해줬으면 미국에 있는 분들이 잘 팔아줘야 할 것 아니에요."

당시 현대차에서 부품구매를 담당하던 한 중역은 70여 명에 달하는 협력사 대표들을 이끌고 현대차 미국 판매법인을 찾아왔다. 자기네들 부품에 도대체 무슨 문제가 있기에 미국에선 그 난리냐며 따지러 온 것이다.

신 부회장은 이 기회를 잘 살려보기로 했다. 그들에게 현대차 품질의 현실을 적나라하게 보여주며 어떻게든 생각을 바꿔놓으리라 마음먹은 것이다.

"배송비는 우리가 부담할 테니 최대한 빨리 그곳에 있는 현대차 고품들을 우리에게 보내주세요."

신 부회장은 협력사 대표들이 오기 전에 미리 미국 전역에 있는 300여 개의 딜러들에게 일일이 전화를 해 현대차의 고장 난 부품들을 모두 보내달라고 했다. 그렇게 3~4일 정도 모으니 고품이 그야말로 산더미처럼 쌓였다.

신 부회장은 협력사 대표들이 앉을 자리 뒤에 해당 회사의 고품들을 쌓아두었다. 그리고 협력사 대표의 테이블 위엔 해당 회사의 고품을 분석한 샘플 두세 개 그리고 고장의 원인을 세세히 분석한 자료를 올려두었다. 자신들의 제품이 얼마나 문제가 많은지를 직접 눈으로 보고 현실을 깨닫기를 바라서이다.

"이게 다 뭡니까!"

"그것들이 바로 여러분들 회사의 불량품들이자 우리 현대차의 품질을 갉아먹는 주요 원인들입니다."

협력사 대표들은 산더미처럼 쌓인 자사의 불량품들을 보며 놀라움을 금치 못했다. 신 부회장은 내친 김에 각 업체별로 제품에 무슨 문제가 있는지에 대해 세세히 설명을 해줬다.

"정말 입이 열 개라도 할 말이 없습니다."

귀에 못이 박히도록 이야기를 해도 받아들이지 않던 것을 직접 눈앞에 두고 실체를 확인시키니 그제야 현실이 와 닿은 것이다. 망연자실하기는 협력사 대표들을 이끌고 호기롭게 미국으로 달려온 부품구매담당 중역도 마찬가지였다.

기술적인 한계도 있으니 품질 향상에 당장 큰 변화가 있으리란 기대는 하지 않았다. 하지만 최소한 그들이 지금껏 우물 안에 갇혀 그들만의 세상을 즐기고 있었음을 깨닫기를 바랐다.

현대에 '한다이(Hyundai) 정신'을 심어라

심리학자 마셜 로사다는 60여 개의 기업을 대상으로 임직원들이 회의에서 주로 쓰는 표현과 그 영향에 대해 연구를 했다. 연구 결과, 성공하는 기업은 긍정적인 발언을 부정적인 발언보다 3배 더 많이 했다고 한다. 특히 성과가 뛰어난 팀의 경우 긍정적인 발언이 6배나 더 많았다고 한다. '하면 된다, 할 수 있다, 해 보자!'라는 긍정적인 표현이 그것을 가능하게 하는 힘을 끌어낸 것이다.

"그것은 달성 불가능한 목표입니다."

"해 보기나 했어?"

안 될 이유만을 찾으며 도전을 망설이는 직원들에게 정주영 회장은 불도저 같은 도전정신으로 보란 듯이 길을 열어보였다. 그 길에서 지금의 현대그룹이 탄생했고, 현대정신으로 잘 알려진 '한다이(Hyundai) 정신'이 성장의 주된 동력으로 자리 잡았다.

"하면 된다잖아요."

"그게 말처럼 그리 쉬운 일이면 누가 못하겠어요?"

물론 '일단 한다, 무조건 한다'는 현대의 '한다이(Hyundai) 정신'

이 기업문화로 굳건히 자리 잡기까지는 오랜 시간이 소요됐다. 그리고 그 과정에서 긍정과 부정의 기운이 밀물과 썰물처럼 오가며 끊임없이 싸워댔다.

뭣 하러 그런 노력까지 해?

—

신 부회장은 입사 초기 울산공장에서 근무하던 때에 현대차의 브라질 진출 성공가능성을 타진하기 위해 현지로 시장조사를 나간 적이 있다.

"신 과장, 브라질에 가서 시장조사 좀 하고 오세요. 우리 차를 그곳에 수출했을 때 승산이 있을지를 판단할 자료가 필요해요."

1980년대 초반, 현대차의 가장 큰 해외시장은 중남미 시장이었다. 시장 확장을 위해 브라질로의 진출을 계획하는데 연구소가 반대하며 나섰다. 당시 브라질은 가솔린 연료에 비해 상대적으로 저렴한 알코올 연료를 사용하는 자동차가 대부분이었다.

"알코올 연료를 쓰면 연료라인이 부식이 많이 되고 고무제품도 빨리 노후화가 됩니다. 이런 분명한 단점들이 있는데 굳이 브라질 시장 하나를 보고 알코올 차를 개발할 필요가 있을까요?"

시장의 규모만으로 판단해도 브라질 시장은 결코 작은 시장이 아니었다. 그럼에도 연구소가 두 손 들며 반대를 한 것은 새로운 시도에 대한 두려움 때문이었다. 괜히 만들었다가 품질문제를 일으킬 바엔 아예 처음부터 개발을 반대하는 게 낫다고 판단한 것이다.

동료 직원과 함께 브라질로 시장조사를 나간 신 부회장은 연구소와는 전혀 다른 결론을 내린다. 브라질 시장은 도전할만한 가치가 충분하며, 승산 또한 높다고 판단한 것이다.

"여긴 우리 차보다 나은 차가 하나도 없어요. 게다가 우리 차는 환경시험 등 실제 테스트 결과에서도 모두 우수한 성적으로 통과됐습니다."

당시 브라질에는 이미 포드, 폭스바겐, GM 등 글로벌 메이커들이 진출해 있었고, 시장의 성장 가능성을 읽고 현지 공장까지 설립한 메이커도 있었다. 그런데 어쩐 이유에서인지 하나 같이 품질이나 디자인이 수준 이하인 차들이 들어와 있었다.

당시 대다수의 브라질 국민들은 넓은 국토 때문에 자동차가 필수적이었지만 소득수준이 좋지 못하니 가능한 저렴한 차를 원했다. 더군다나 브라질은 수입차에 40% 가까운 높은 세금을 물리기에 메이커들 입장에선 최대한 제조단가를 낮춰 수출해야 했고, 이런 이유로 품질이 떨어질 수밖에 없었다. 현지에 생산 공장을 마련한 메이커들 역시 이미 유행이 지난 구형 모델들을 생산함으로써 시장의 기대 단가에 맞춰주고 있었다.

품질과 디자인, 가격 등 모든 면에서 승산이 있었기에 신 부회장은 현대차의 브라질 진출에 긍정적인 판단을 내렸다. 이후 1992년에 브라질에 진출한 현대차는 2012년에 현지에 생산 공장까지 완공하며 본격적으로 뿌리를 내렸고, 2016년에는 연간 20만 1955대를 판매해 현지 판매 5위를 기록하며 입지를 공고히 다져나가고 있다.

땅덩이와 인구가 세계 5위인 거대시장을 눈앞에 두고도, 힘들고 어렵고 두렵다는 이유만으로 도전하지 않았더라면 어땠을까? 도전할

가치가 충분하다면 부족한 것은 노력을 통해 채우면 된다. 과정의 힘 듦이나 결과에 대한 두려움 때문에 때를 놓치거나 도전하지 않는다 면 더 큰 후회가 따른다. 더군다나 기업은 성장을 멈추는 순간이 곧 퇴보의 시작이기에 도전과 노력을 거듭하며 계속 나아가야 한다. 그 래야 목표지점까지 갈 수 있다. 산은 포기하지 않고 끝까지 올라가는 사람에게만 정복되듯이 기업의 성장과 성공도 결국엔 끊임없는 도전 을 통해서만 성취될 수 있다.

일단 반대, 무조건 반대

—

현대기아차의 품질혁신의 과정에서 최강의 장애물 중 하나가 임직 원들의 부정적인 마인드였다. 미국시장 진출 초기엔 현대차 품질수 준에 대한 현실을 받아들이려 하지 않았고, 퇴출의 위기까지 겪으며 현실을 직시해야 했을 땐 두려움이 전진을 가로막았다.

2002년 신 부회장이 정몽구 회장의 전폭적인 지지로 '5년 안에 도요타 품질 추월'이라는 파격적인 선언을 했을 때도 현대기아차 임 직원들 상당수는 '할 수 있다, 해 보자!'가 아닌 '우리가 그걸 어떻게 해!', '그게 가능한 일이야?'라며 부정적인 태도를 먼저 보였다.

전진의 의지를 꺾는 것은 비단 실패에 대한 두려움만은 아니었다. 5년 동안 죽어라고 노력해도 도요타 품질을 추월하는 데 실패할 수 있다. 하지만 그 과정에서 현대차 품질의 비약적인 성장은 기대할 수 있었다. 때문에 결과보다 그 노력의 과정이 더 중요한 목표였다. 그 럼에도 고개부터 내저었던 것은 죽어라고 노력하기가 싫었던 것이다. 국내시장에선 여전히 현대차가 1위인데 굳이 미국시장을 넘보며 힘들게 뛰어야 할 이유가 있느냐는 것이다.

2008년, 신 부회장이 〈GQ-3·3·5·5〉라는 혁신적인 전략을 내놓았을 때도 임직원들의 반응은 부정적이었다. 특히 이 전략을 추진하는 중심부에 있었던 품질본부의 중역들조차 '이것은 불가능한 목표이다', '우리 역량 밖의 일이다'라며 스스로의 기를 꺾기도 했다. 심지어 타 본부의 일부 직원들은 '삼삼오오 모여서 고스톱 치는 전략'이냐며 비아냥거리기까지 했다.

결국 리더의 강력한 의지에 이끌려 전사적으로 진행된 〈GQ-3·3·5·5〉는 '3년 이내 전 세계 자동차 회사 실질품질 3위권 안에 들어가고 5년 이내 인지품질 5위권 안에 들어간다'는 목표를 90% 가까이 성취해냈다. 글로벌 금융위기로 인해 내로라하는 자동차 메이커들이 우후죽순으로 무너지고 있을 때 거둔 성장이었기에 더 놀랍고 값졌다. 그럼에도 아쉬움은 남았다. 당시 모두가 '할 수 있다'는 한마음으로 달렸더라면 분명 온전한 성취를 해내고도 남았을 일이다.

10년 가까운 시간이 흐르는 동안, 다행히도 현대의 '한다이 정신'은 더 깊숙이 기업 내부에 뿌리를 내렸다. 그럼에도 여전히 일단 반대, 무조건 반대를 외치며 전진의 걸음을 더디게 만드는 이들은 남아있다.

환경의 변화에 무심하고 현재의 것을 고수하며 더 나은 내일을 위한 도전을 거부하는 직원이 많을수록 기업은 더 빠른 속도로 쇠퇴한다. 지금도 그리 나쁘지 않은데 굳이 사서 고생을 할 이유가 있느냐는 것이다. 우물 속에 눌러앉으려는 이들의 근력은 앞서 이끄는 리더의 바짓가랑이를 잡고 늘어져 결국엔 다 함께 침몰하게 만든다. 마인드셋 이노베이션으로 뼛속까지 혁신하지 않으면 공멸을 피할 수 없다.

선택지가 여럿일 경우에는 다양한 의견을 경청하며 신중할 필요가 있다. 하지만 선택지가 없는, 전진만이 살 길인 경우엔 무조건 걸음부터 떼야 한다. 우물이 말라가고 있다면 우물 밖으로 탈출하는 것 외엔 다른 선택지가 없다.

그들만의
철옹성

　한때 성공을 구가하던 기업들이 패망할 때 나타나는 공통된 징조 중 하나가 각 부서 간에 높은 담장이 쌓인다는 점이다. 자기 부서만의 이익을 추구하며 타 부서와의 소통이나 화합을 거부하는 사일로 현상(Silo Effect)은 부서간의 문제를 넘어 회사 전체에 큰 손실을 가져온다. 큰 그림은 외면한 채 자신이 맡은 부분만 잘 그리려 한다면 코가 짧고 다리가 긴 괴물 코끼리가 탄생되는 것을 피할 수 없다.

　사일로 현상의 대표적인 사례로 등장하는 회사가 일본의 소니이다. 소니는 불과 10여 년 전만 해도 세계 가전 시장을 주름잡던 회사였다. 워크맨, 플레이스테이션 등의 효자상품을 개발해 승승장구하던 소니는 거대해진 회사를 효율적으로 경영하기 위해 각 부문을 분권화하고, 연구개발비 또한 개별로 지급했다. 각 사업부들이 독립적으로 사업을 경영하도록 해 전문성을 높이고 경쟁을 통한 시너지를 창출하려는 취지에서다. 하지만 애초의 좋은 의도와는 달리 각 사업부는 타 부서보다 더 나은 성과와 이윤을 내기 위해 철저히 벽을 쌓고, 기술 공유는커녕 소통조차 회피했다. 오죽하면 유사한 제품을 여러 부서에서 동시에 출시하며 제 살 깎아먹기식의 경쟁까지 했을까.

성과와 이윤을 둘러싼 사일로 현상의 폐단은 여기서 그치지 않았다. 개발비를 더 많이 지원받기 위해 단시간에 성과를 낼 수 있는 부문에만 집중하다보니 장기적인 전략이 필요한 기술개발을 등한시 하게 됐다. 지나친 경쟁구도가 당장의 성과만을 추구하게 만든 것이다.

각 사업부 간의 높은 장벽은 결국 전체의 소통과 화합을 막았고, 이는 시장의 변화에 대응하는 능력을 떨어뜨리고 속도까지 더디게 만들었다. 시장의 변화와 고객의 니즈를 읽지 못하는 기업의 운명은 거꾸로 가는 시계와도 같다.

기업의 사일로 현상은 비단 소니만의 문제는 아니다. 기업의 규모가 커질수록 각 부문의 독립성이 커질 수밖에 없고, 그에 따른 사일로 현상도 피할 수 없다. 저마다의 영역과 그에 따른 역할 그리고 책임이 분명하게 규정돼 있는 만큼 그들끼리 뭉쳐야 할 이유는 충분하다. 하지만 이것이 지나칠 경우 타 부서를 배척하고 소통과 화합마저 가로막아, 자칫 자신이 무엇을 향해 나아가고 있는지를 잃게 하는 위험이 있다.

사일로 현상이 심각한 기업은 타 부서를 경쟁그룹을 넘어 적으로 간주하는 사태까지 벌어진다. 내 것을 지키기 위해 상대를 외면하고 배척하는 데서 그치지 않고 그의 것을 뺏는 일까지 벌어지는 것이다. 이런 내부의 불협화음은 기업의 성장을 저해하고 제품의 품질에도 심각한 문제를 초래한다.

'나'는 죽고 '우리'만 산다

—

2000년 현대차그룹은 품질경영을 선포하며 각 부문 간의 소통과 화합이 중요한 과제로 떠올랐다. 품질은 뛰어난 능력을 가진 개인이나 특정 부서가 완성할 수 있는 것이 아니다. 연구개발, 제조, 부품 등 각 부문이 뛰어난 기술력을 갖추는 것과 동시에 타 부문과 소통하고 화합하여 완성하는 융합의 결정체가 바로 품질이다. 때문에 전사가 하나로 뭉치지 않고서는 결코 품질혁신을 이룰 수 없었다.

현대기아차 역시 사일로 현상에서 자유로울 수는 없다. 단지 그것을 최소화하려 노력할 뿐이다. 과거 현대기아차에는 책임 떠넘기기 식의 사일로 현상이 팽배했다. 이제 막 자동차 시장에 뛰어든 데다 딱히 성과랄 것도 없으니 내 주머니 부풀리기보다는 내 자리 지키는 것에 신경을 써야 할 때였다. 그러니 품질문제가 발생할 때마다 네 탓이니 내 탓이니 하며 옥신각신하는 것이다.

조립을 잘못해 놓고도 '설계가 잘못됐다, 부품이 불량이다' 등 핑계를 대며 빠져나갈 구멍부터 찾았다. 불량인 부품을 만들고도 설계가 잘못됐다느니 조립을 잘못해서 그렇다느니 하며 자신들의 잘못을 타 부문으로 떠넘기려 했다. 설계품질을 담당한 연구소라고 해서 별다르진 않았다. 오히려 자타공인의 브레인인 만큼 더 높고 두텁게 외부와의 벽을 쌓았다.

어느 부문의 잘못이든지 결국 소비자는 현대기아차가 잘못한 것으로 인식한다. 때문에 누구의 잘못인지를 가려내어 문책하는 것은 큰 의미가 없다. 문제를 어떻게 개선할지에 더 집중해야 하고, 이는 해당 부문의 노력만으로는 힘들다. 대부분의 품질문제는 설계와 부품, 조립 등 품질의 주된 축을 이루는 부문의 다양한 문제들이 복합적으로 얽혀있기 때문이다. 그리고 품질개선 또한 모든 부문이 화합하고 협력해야지만 이룰 수 있는 전사 차원의 과제이다.

사일로 현상은 비단 부서나 팀 간에만 발생되는 문제는 아니다. 사일로 현상이 팽배해진 기업은 조직 내의 개개인을 '내 생각의 사일로'에 갇히게 만든다. 우리 부서, 우리 팀만을 생각하는 이기주의가 결국 '나'만을 생각하는 이기주의와 보신주의로 발전하게 되는 것이다. 그 업무는 저 사람의 일이지 내 일이 아니라며 문제를 발견하고도 모른 척하거나 아예 관심조차 두지 않는다. 문제를 발견하고 관여하는 순간 책임이 내게 돌아올 위험이 있기에 아예 눈을 막고 귀를 막아버리는 것이다.

놀이공원에서 고객 안내 업무를 하는 직원이 우연히 놀이기구에서 튀어나온 나사 하나를 발견했다고 가정해보자. '내 일도 아닌데 굳이 나서서 시간을 뺏길 필요가 있을까? 누군가 다른 사람이 발견해서 담당자에게 알리겠지.'라며 모른 척 눈감아버린다면 어떤 일이 벌어질까? 최악의 경우 대형사고로 이어져 수많은 사상자가 나오고 회사는 폐업을 해야 하는 위기에 빠지게 될지도 모른다. 나의 일이 아니라며 방치했던 사소한 일도 조직 안에서는 큰 일로 확산될 수 있으며, 그 결과에서 나 역시 자유로울 수 없다.

조직에서 개인은 결코 완전한 개인이 될 수 없다. 구성원 모두가 톱니바퀴처럼 연결돼 기업이라는 거대조직을 굴리고 있기 때문이다. 기업이라는 조직에 몸담은 이상 나의 이익이 아닌 전체의 이익을 보고 움직여야 한다. 나의 이익을 위해 혹은 손해를 덜 보기 위해 힘을 빼는 순간 톱니바퀴는 멈추고 기업도 무너진다.

소통과 화합의 시작은 서로를 아는 것이다

—

사일로 현상을 막기 위해서는 각 부문 간의 소통과 화합을 유도하는 제도적인 장치가 필요하다. 그리고 그것을 책임지고 이끄는 강력한 리더십도 필수이다. 또한 지속적인 마인드 교육을 통해 소통과 화합의 필요성을 인식시키고, 이를 건강한 기업 문화로 정착시켜야 한다. 2002년 품질본부로 옮겨온 신 부회장이 현장 직원들과 협력사를 대상으로 지속적인 마인드 교육을 실시한 것 역시 전사의 소통과 화합을 이끌기 위한 노력의 일환이었다.

"세미나를 할 겁니다. 5개 본부의 간부 모두를 참석시키세요."

"그 많은 본부의 간부들을 전부 다 참석시키라고요?"

"네. 함께 가려면 일단 서로를 알아야 합니다. 서로를 알려면 모두 한 자리에 모여서 이야기를 나눠봐야지요."

2009년 신 부회장은 자신이 맡은 여러 본부들의 소통에 대해 진지하게 고민하고 방법론을 찾아갔다. 그는 부회장으로 진급하며 품질본부, 생산개발본부, 상품전략본부 등 5개의 본부와 글로벌종합상황실, 혁신종합관리센터까지 맡게 되었다. 품질본부 하나만을 잘 챙기면 됐던 이전과는 달리 여러 부문을 리드하고 서로 화합시키는 것은 결코 쉬운 일이 아니었다.

서로 소통하고 화합하려면 일단 서로에 대해 알아야 했다. 타 본부가 무슨 일을 하는 곳인지를 알아야 도움을 주고받으며 협업을 할수 있다. 신 부회장 스스로도 오랫동안 몸 담았던 품질본부 외에 다른 본부들에 대해선 잘 안다고 말하기 어려웠다.

1회 차로 개최된 세미나에는 5개 본부의 간부 500여 명이 참석했다. 이들은 각 본부에 대한 소개와 함께 이듬해인 2010년도에 무엇을 할 것인지 사업 계획을 발표했다. 그런데 이들의 첫 세미나는 예상보다 훨씬 더 심각한 문제를 드러냈다. 한 마디로 아수라장이 따로 없었다. 마치 약속이라도 한 듯이 서로 자신들의 입장만 이야기하며 타 본부를 비난하고 공격했다.

"부회장님, 이쯤에서 중재를 하시는 게 어떨는지요. 다들 자기가 살려고 남 탓만 해대네요."

"그냥 두세요. 모두들 자신의 바닥을 봐야 다시 박차고 오르지요."

신 부회장은 일단 각 본부마다 제 할 이야기부터 쏟아내도록 두어보자고 했다. 우선 내 안의 것을 비워내야 상대의 것을 받아들이는 법이다. 대신 신 부회장은 각 본부의 발표가 끝난 후 정리의 말을 하며, 다음 세미나의 방향을 설정해줬다. 시원스레 쏟아냈으니 다음 세미나부터는 조금씩이라도 상대의 것을 담으려 노력하라는 말도 잊지 않았다.

놀랍게도 2회 차 세미나를 할 때는 1회 차와는 확연히 다른 모습이 나타났다. 서로 볼 꼴 못 볼 꼴을 다 봐서인지, 더는 상대를 공격하는 모습을 보이지 않았다. 오히려 조금은 상대를 이해하는 모습이 보였다. 그리고 지금껏 '우리는 하나!'를 외치면서도 결코 하나이지 않았던 자신들의 태도를 반성하는 모습도 보였다.

"아, 그 부분은 우리 본부에서 도움을 드릴 수 있을 것 같습니다."

"그래요? 감사합니다. 그럼 우리도 생산개발본부에 도움을 줄 수 있는 부분들을 적극적으로 찾아보겠습니다."

이후 세미나 횟수가 늘어날수록 소통의 효과는 더 크게 드러났다. 각 본부의 업무에 대해 이해하는 것은 물론이고 적극적으로 도움을 주고받는 관계로까지 발전됐다. 이전까지의 협업이 지시에 의한 소극적인 것이었던 데 비해 이후로는 서로 도와줄 부분을 적극적으로 찾아 협업하는 단계까지 가게 됐다.

세미나를 통해 5개 본부 간부들의 마음을 여는 데 성공한 신 부회장은 곧이어 현장 실무자들의 소통과 화합을 위한 활동도 전개해나갔다. 서로를 이해하고 돕기 위해선 실무자들 역시 서로에 대해 잘 알아야 했다.

10년 넘게 한 회사에 다녀도 타 본부나 부서가 무엇을 하는 곳인지 잘 알지 못하는 경우가 허다하다. 예를 들어 품질본부에 근무하는 직원 중 현장의 생산라인에 한 번도 안 가본 사람도 많고, 상품전략본부나 생산개발본부 등 타 본부들이 무엇을 하는 곳인지 잘 모르는 사람들도 많다. 회사의 규모가 클수록 이런 현상들은 더 두드러지게 나타난다.

신 부회장은 5개 본부의 모든 직원이 타 본부를 순방하도록 지시했다. 즉, A본부를 나머지 4개의 본부가 순차적으로 방문하고, B본부, C본부 등 다른 본부들도 마찬가지로 나머지 4개의 본부가 일정을 정해 차례로 방문하도록 했다.

타 본부 방문은 직급이나 인원 수 제한 없이 해당 본부의 모든 직원이 참여했다. 방문한 직원들은 현장을 순회하며 업무에 관해 세세하게 설명을 들었다. 또한 이 과정에서 궁금한 것이 있으면 자유롭게 질문을 하고 답을 들을 수 있었다. 화합과 협업은 서로에 대한 이해로부터 시작되기에 실제 눈으로 보고 살피며 이야기를 나누도록 한 것이다.

"생산본부 직원 100명 중 95명이 참여했고, 불참한 5명 중 3명은 해외출장 중이며, 나머지 2명은 병가를 내어 참여하지 못했습니다."

지시를 했다면 점검은 필수다. 신 부회장은 매번 5개 본부의 현장 순회에 관한 진행사항을 보고 받고 개선점에 대해 조언했다.

5개 본부의 전 직원이 참여하는 탓에 움직임의 규모도 컸고, 시간도 장장 1년이나 소요됐다. 하지만 효과만큼은 그 어떤 교육보다도 탁월했다. 누군가에 의해 전해들은 것이 아닌, 본인이 직접 눈으로 보고 이야기를 나눴던 덕분에 직원들은 타 본부의 업무에 대한 이해도가 높아졌다. 그 결과 원활한 소통과 자발적이고 적극적인 협업이 가능해졌고, 현대기아차 최고의 협업 시스템인 '품질 클러스터(Q-cluster)'를 완성해냈다.

소통과 화합을 통한 협업은 회사 내의 개개인의 힘을 우리의 힘, 즉 회사의 힘으로 만들어 낸다. 회사 내의 각 본부와 부서는 업무의 효율성을 위해 구분된 것일 뿐 결코 남이 아니다. 회사 내 모든 직원은 같은 목적지를 향해 함께 나아가는 동지이다. 때문에 회사의 성장과 발전을 위한다면 언제든 전체가 하나 된 팀플레이를 할 수 있어야 한다. 이게 결국은 회사의 힘이다.

알을 깨고 나와야
진짜 세상과 만난다

"아메리카노 따뜻한 걸로 한 잔 주세요. 얼음 조금 넣어서요."

"네? 따뜻한 아메리카노 맞으시죠? 그런데 얼음은 왜?"

손님의 다소 엉뚱한 주문에 직원이 고개를 갸웃거렸다. 손님은 커피가 식을 때까지 기다리기 싫어서 그런다고 했다. 뜨거운 커피에 얼음 몇 개를 넣으면 적당히 식어서 마시기에 딱 좋다는 것이다.

손님의 세세한 설명에 직원은 그제야 고개를 끄덕였다. '얼음은 아이스 음료에만 들어간다'는 고정관념이 와르르 무너지는 순간이다.

고작 음료 한 잔에도 이토록 굳건한 고정관념이 자리 잡고 있는데 우리는 일상에서 얼마나 많은 고정관념에 사로 잡혀 있을까?

고정관념은 내가 알고 있는 그것을 너무나 당연한 것으로 믿게 하는 탓에 다양한 시각과 해법들을 외면하게 만든다. 그래서 나의 의도와는 무관하게 내 삶을 편협하게 만들고, 문제에 직면했을 때 답을 찾는 시야를 제한해버린다.

직장에서 업무를 할 때도 이런 고정관념은 개인 능력의 한계뿐만 아니라 조직의 성장과 발전을 저해하는 강력한 장애물이 된다. 특히 급변하는 경영환경 속에서 다양한 형태로 발생되는 문제들에 대해 기존의 방식으로 해법을 찾으려다보면 한계에 맞닥뜨릴 때가 많다. 어디 그뿐인가. 고객을 감동시킬 혁신적인 제품 또한 고정관념을 버리지 못하면 결코 탄생될 수 없다. 나를 둘러싼 알을 깨고 나와야 진짜 세상과 만날 수 있다. '휴대전화는 통화를 위한 기기'라는 고정관념을 깨지 않았더라면 스마트폰은 결코 세상 밖으로 나오지 못했다. 당연한 것을 의심하고 익숙한 것을 낯설어 할 때 비로소 내 안에 새로움을 채워갈 수 있다.

내 집에 불난 것도 아닌데, 일단 기다려

—

1900년 대 초반만 해도 배영 100미터의 올림픽게임 최고 기록은 1분의 벽을 깨지 못했다. 1분 24초, 1분 15초, 급기야는 1분 8초까지 단축시켰지만 30년 가까운 세월동안 그 누구도 1분의 벽 안으로 들어서지 못했다. 때문에 배영 100미터에서 1분의 벽은 인간의 한계로까지 여겨졌다.

1938년 한 고등학교의 수영시합에서 배영 기록에 대한 인간의 한계가 깨졌다. 올림픽 금메달리스트들조차 깰 수 없었던 1분의 벽을 고등학생인 아마추어 수영선수가 깬 것이다.

이전까지 선수들은 반환점에서 회전을 할 때 손을 사용했다. 하지만 아돌프 키에퍼라는 선수는 반환점 앞에서 미리 몸을 회전해 발로 벽을 힘차게 밀어 다시 반대편으로 나아갔다. 이 방법이 바로 요즘 많은 선수들이 사용하는 '플립 턴(Flip turn)'이다.

아돌프 키에퍼는 몸의 일부를 사용해서 턴을 한다는 수영의 규칙은 지키되, 모두가 당연한 듯 손을 활용하던 것에 '왜?'라는 질문을 던짐으로써 전혀 새로운 방법을 찾아냈다. 방법을 달리하는 것만으로도 '인간의 한계'를 뛰어넘는 초인적인 힘이 생겨난 것이다.

우리는 하루에도 몇 번씩 다양한 문제들과 마주한다. 문제들 중에는 과거의 경험에 기초해 간단히 해결할 수 있는 수준의 것들도 있지만 더러는 쉽게 답이 보이지 않는 막막한 난제도 있다.

익숙하지 않은, 해결하기 힘든 문제를 만나면 일단 접근 방식부터 바꿔야 한다. 기존의 방식으론 해결이 안 되는 문제이니 시각을 달리해 새로운 해결법을 찾아가는 것이다. 하나의 고정된 시각과 편견을 버리고 다양한 각도로 접근해 살피다보면 문제 해결의 실마리도 찾게 된다.

기업 경영이나 업무에 있어서도 고정관념에서 벗어난 다양한 시각의 접근은 필수적이다. 기업은 규모가 크고 업무 또한 다양한 데다 내외부의 협력관계도 복잡하게 얽혀있다. 때문에 문제 발생 시 자신의 기준에서 혹은 기존의 고정관념에 사로잡혀 해결점을 찾으려 하면 이렇다 할 답이 보이지 않아 곤란을 겪는 경우가 많다.

2012년, 기아차 조지아 공장에 부품을 납품하는 모 협력사에 불이 난 적이 있다. 당시 정몽구 회장의 지시로 신 부회장이 직접 현장으로 가서 상황을 살피게 됐다. 짐작은 했지만 막상 눈으로 마주하니 한숨이 먼저 나왔다. 불이 난 것은 이미 벌어진 사고이니 어쩔 수 없다지만 문제에 대처하는 기아차 직원들의 모습이 한심하기 그지없었던 것이다.

"사진은 왜 찍고 계십니까?"

"본사에 보고를 해야지요."

"불이 난 거 누가 모릅니까? 사진 찍을 시간이 있으면 가서 대책을 마련하세요."

"우리 공장도 아닌데 왜…."

당시 기아차 직원들의 모습은 강 건너의 불을 구경하며 호들갑이나 떠는 구경꾼과 다름없었다. 그들이 하는 것이라곤 화재가 난 공장의 사진이나 찍으며 본사에 보고를 하는 게 전부였다.

"우리 회사에 납품을 하는 회사면 우리 회사와 다를 바 없습니다. 저 공장에서 생산하는 부품이 없으면 우리가 차를 만들 수 있습니까, 없습니까? 왜 다들 남의 일처럼 구경만 하고 있는 거죠!"

다행히 이틀 만에 화재는 완전히 진압이 됐지만 협력사의 주요장비인 프레스가 모두 망가져 부품을 생산할 수 없는 상태였다. 신 부회장은 기아차 조지아 공장의 직원들에게 협력사 프레스 기계의 복구를 지원하도록 지시했다. 하지만 다들 어찌 해야 할지를 몰라 우왕좌왕했다.

"미국 전역에 걸친 프레스 전문가들을 섭외하세요. 미국에 있는 현대차 공장, 기아차 공장 그리고 차체 공장들까지 합치면 프레스가 여러 수 천 대가 있습니다. 그곳의 전문가들을 모두 섭외해 협력사의 프레스 복구 작업에 투입시키세요."

신 부회장은 협력사의 생산라인을 어떻게 재가동시킬 것인지에 대한 구체적인 솔루션을 제시해주었다. 그리고 일주일이라는 기한을 정해주며 그 안에 무조건 재가동이 되게 하라고 엄포를 놨다. 그 결과 협력사는 190여 명에 달하는 프레스 전문가의 도움을 받을 수 있게 됐고, 약속한 일주일 안에 생산라인을 정상가동 시킬 수 있게 됐다.

당시 기아차 조지아 공장 직원들의 머릿속엔 기아차와 협력사는 분리된 개념으로 자리 잡고 있었다. 협력사의 화재로 기아차 공장의 가동에도 문제가 발생되었지만 원인이 협력사에 있었기에 해결 또한 그들의 몫이라 생각했다. 그러니 함께 문제를 해결할 방법을 찾기보다는 그저 상황을 지켜보며 본사에 보고하는 것이 전부였다.

신 부회장은 화재의 원인이 아닌 결과로 시각을 돌려 문제해결의 실마리를 찾았다. 화재의 결과는 '기아차 조지아 공장의 생산라인이 멈춘다'는 것이었다. 원인이 어디에 있든지 결과는 기아차의 피해가 예견됐다. 그러니 해결도 기아차가 주도적으로 해나가야 했다.

생각을 달리해서 돌파구를 만들어라

기아차 조지아 공장의 문제가 해결된 지 한 달도 채 되지 않아 중국 북경의 현대차 도장 공장에 화재가 발생했다. 신 부회장은 당장이라도 달려가 해결책을 찾고 싶었지만 윗선의 지시가 떨어질 때까지 기다릴 수밖에 없었다. 그렇게 3일이 지난 뒤 정몽구 회장의 지시로 신 부회장은 급히 비행기에 몸을 실었다.

"생산라인을 가동시킬 방도를 찾지 않고 다들 뭣 하는 겁니까!"

"지금 이 상황에선 불이 꺼지길 기다리는 것 외엔 별다른 방법이 없습니다."

북경공장이라고 해서 조지아 공장의 현실과 별반 다르지 않았다.

직원들은 문제를 해결할 방법을 찾기보다는 그냥 불이 진화되기만을 기다리고 있었다. 불이 다 꺼지고 나면 공장을 새로 지어서 다시 작업에 들어가겠다는 것이다.

"도장 공장을 다 태워 먹고 나면 다시 복구하는 데만도 몇 개월이 걸립니다. 그러는 사이 우리 회사의 손실이 얼마나 될지 생각이나 해봤습니까? 시장에서의 우리 차 이미지는 또 얼마나 나빠지겠습니까!"

신 부회장은 기존의 고정관념들을 모두 지우고 새롭게 방법을 모색해 들어갔다. 차체공장에서 조립을 마친 자동차들은 도장공장에 들어가 차체에 페인트를 칠한다. 그리고 이후 의장공장으로 가서 부품들을 장착한다. 그런데 도장공장에 불이 났으니 차체공장에서 나온 자동차들이 오도 가도 못하고 대기만 하고 있는 상태였다. 그렇다면 차체공장을 나온 자동차들이 어떻게든 도장공장에 들어가 도장만 하게 만들면 된다. 그것이 굳이 불이 난 제1 공장일 필요는 없었다.

제1 공장의 차는 제1 공장에서만 해결해야 한다는 전제를 버리니 기발한 묘책이 떠올랐다. 당시 현대기아차는 중국에서 현대 3공장을 건설 중이었는데, 다행히 도장공장은 미리 완공되어 시운전을 하며 점검 중인 상태였다.

"조립을 마친 차체를 트럭에 실어 3공장으로 보내 도장을 하고, 다시 이곳의 의장공장으로 들어오도록 하세요."

"네? 그게 무슨? 그 먼 거리를 어떻게 트럭에 차체를 싣고 이동합니까? 그건 안 됩니다."

"왜 안 되는지 말해보세요."

그들의 대답은 '차체가 모두 삐뚤어진다'는 거였다. 신 부회장은 다시 버럭 화를 냈다. 그는 이미 한국에서의 경험을 통해 차체의 변형 없이 먼 거리의 이동이 가능하다는 것을 알고 있었다.

"책임은 모두 내가 질 테니 당장 차들을 트럭에 실어서 3공장으로 보내세요!"

신 부회장의 강력한 지시로 현대차 북경 제1 공장에서 조립을 마친 차들은 제3 공장으로 이동해 도장을 하고, 다시 제1 공장으로 돌아와 부품들을 장착했다. 덕분에 현대차 북경 제1 공장은 화재라는 악재에도 불구하고 일주일 만에 재가동됐고, 생산물량도 평소의 80~90% 수준을 유지했다.

당시 글로벌 시장에서 현대기아차의 판매량이 급격하게 늘고 있던 때라 현대차 북경 제1 공장의 화재에 경쟁사들은 내심 박수를 쳐댔다. 그런데 화재가 발생한 지 일주일도 안 돼 차가 정상 물량에 가깝게 생산이 되자 모두가 놀라움을 금치 못했다.

문제를 해결하는 가장 쉬운 방법은 우선 문제에서 멀리 떨어지는 것이다. 늘 똑같은 길로만 다니던 사람은 그 길이 사고나 공사로 막혀버리면 당황한다. 이럴 때는 최대한 그 길에서 멀리 떨어져 시야를 넓힐 필요가 있다. 그러면 목적지로 향하는 다른 길을 발견할 가능성이 커진다.

You are the Best!

PART 06

시장의 주인은
누구인가?

한때 생산자인 기업이 시장에서 절대권력을 가진 '갑'이던 시대가 있었다. 생산주체인 기업과 기술력이 절대적으로 부족한 시대이다 보니 소비자의 입장에선 기업이 생산해내는 모든 제품들이 신기하고 감사할 따름이었다.

자동차라고 해서 별반 다르지 않았다. 현대자동차가 한국 최초의 독자 모델인 포니를 개발했던 1970년대 중반만 해도 소비자들은 자가용을 갖는다는 사실만으로도 충분히 만족스러워했다. 설령 고장이 나거나 불편한 구석이 보여도 마이카를 갖기 위해선 당연히 감수해야 할 부분이라 여겼다. 그야 말로 없어서 못 팔던 시절이었으니 기업의 입장에선 영원히 기억하고 싶은 아름다운 시절이었을 테다.

안타깝게도 기업들의 절대권력은 오래 가지 못했다. 기술의 발달과 경쟁사들의 등장으로 기업들은 점차 위기감을 느껴야 했고, 1990년대에 들어서면서 IT기술의 급격한 발달로 소비자들이 아주 영민해지고 까다로워지자 기업들은 너나없이 '고객은 왕이다'라고 말해야했다. 공급이 수요를 넘어서면서부터 고객이 진정한 왕인 시대가 됐기 때문이다.

선택지가 많아진 만큼 소비자는 제품이든 서비스이든 마음에 쏙 드는 진한 감동을 느끼지 않고는 선뜻 지갑을 열지 않게 됐다. 자동차 업계라고 예외는 아니다. 공급보다 수요가 많을 때는 시장에 내놓기만 하면 잘 팔렸다. 특히 품질이나 브랜드 인지도 등에서 우위를 차지하는 글로벌 메이커들의 경우 어떻게 하면 더 많이 팔 수 있을까를 고민했지 생존에 대한 고민을 할 필요는 없었다. 하지만 전 세계 자동차 시장의 생산 능력이 약 2천만 대 가까이 오버한 현재는 너나없이 생존부터 염려해야 할 상황이 됐다. 고객에게 선택받지 못하면 무너질 일만 남은 것이다.

이제는 감성품질이다

—

현대자동차가 미국 시장 진출 초기에 '일회용 차'라는 오명을 쓴 이유는 사실 기술력의 문제가 아니었다. 1967년 설립해 포드자동차의 일부 모델을 조립 생산하던 현대자동차는 불과 6년만인 1973년에 한국 최초의 독자 모델인 포니를 개발해냈다. 그 정도의 저력이면 부족한 기술력은 금세 따라잡을 수 있었다. 그럼에도 당시의 현대차는 철저히 갑의 시각에 사로잡혀 변화나 개선의 필요성을 느끼지 못하고 있었다.

국내 시장에서의 찬사에 도취된 나머지 현대차는 미국이라는 거대 글로벌 시장에 대한 이해가 부족했다. 미국이라는 선진국가의 소비자의 니즈는 물론이고 가장 기본적인 그 나라의 도로나 기후 등에 대한 조사조차도 없었다. 그저 만들기만 하면 국내 시장처럼 잘 팔리리라 기대했다. 우리 가족들이 모두 맛있다고 박수를 쳐주는 음식이니 당연이 이웃집 사람들도 좋아할 것이라고 생각한 것이다. 이웃의 입맛이나 상황은 전혀 고려하지 않은 채 내 기준으로 음식을 만들어 건네니 떨떠름해 하거나 싫어하는 것이다.

미국시장에서의 조롱에 충격을 받은 현대자동차는 1998년 정몽구 회장의 취임 이후 품질최우선 정책을 수립하고 지속적으로 기술품질의 개선에 박차를 가했다. 하지만 어쩐 이유에선지 미국 소비자들의 반응은 여전히 시큰둥했다. 그들은 단순히 잘 달리는 차만으론 만족하지 않았다. 잘 달리면서도 편안하고 쾌적하며, 모든 면에서 만족스러운 차를 원했다.

현대자동차는 2002년 신종운 부회장이 '5년 안에 도요타를 따라잡는다'고 선언하면서부터 감성품질에 대한 개념을 인식하기 시작했다. 기술품질의 만족이 당연한 것이 되어 더 이상 차별점이 되지 않는 시대에는 디테일에 집중해 감성품질을 끌어올려야지만 선택받을 수 있다고 판단한 것이다.

"감성이란 게 결국은 개개인마다 다르게 받아들여지는 것인데 어떻게 그 모두를 만족시킵니까?"

고객의 입맛이 모두 다르다보니 A에게 만족스러운 차가 B에겐 불만족스러울 수 있다. 그러니 모두에게 만족스러운 차란 생산자인 기업의 입장에선 영원히 풀 수 없는 난제인 셈이었다. 그럼에도 이 난제를 해결하지 못하면 현대차는 영원히 글로벌 시장에서 낙오자로 머물 수밖에 없었다.

"그것을 정량적으로 제시하는 것이 IQS 평가항목입니다. 대표적인 미국의 소비자 조사기관에서는 페인트에 대해서 요만한 흠집도 불량이라고 합니다. 그러니 우리는 그 기준에 맞게 개선해나가면 됩니다."

신 부회장은 지속적인 교육과 설득으로 직원들의 생각을 바꿔나갔다. 품질은 제품의 기획 단계부터 개발, 생산, 서비스 등 모든 영역에 걸쳐 종합적으로 생각해야 하는 문제인 만큼 그것을 리딩할 수 있는 분명한 툴이 있어야 하고, 그것이 바로 세계적으로 공신력 있는 대외 기관의 IQS 평가항목이었다.

긴가민가하며 울며 겨자 먹기로 이끌려오던 현대차 직원들은 2004년 도요타를 꺾으며 실질품질에서 세계 탑 수준이 되자 IQS 평가항목이라는 객관적인 툴의 힘을 신뢰하게 됐다. 그리고 이후로 좀 더 적극적이고 능동적인 태도로 바뀌었다.

감성품질의 도입으로 세계 자동차시장에 현대자동차의 힘을 확인시켜주었던 그때로부터 십 수 년이 흐른 지금, 현대차는 또 다른 위기에 봉착해 있다. 공급이 수요를 넘어서고, 감성품질을 비롯한 세계 자동차 메이커들의 품질 수준이 상향평준화되었기 때문이다. 이 위기를 이겨내기 위해선 IQS 평가항목을 넘어서는, 전사를 강력하게 리딩할 수 있는 현대차만의 새로운 툴이 필요하다. 최고 중의 최고가 되어 고객에게 무조건 선택받을 수 있는 신의 한 수를 찾아야 할 때인 것이다.

감성품질도 진화한다

—

기술의 발달에 따라 고객의 감성도 변화하고 진화한다. 불과 몇 년 전까지만 해도 자동차 구매자의 감성적인 니즈는 주로 소음이나 흠집, 승차감 등 하드웨어적인 부분에 집중되어 있었다. 하지만 IT기술의 혁신적인 발달과 스마트폰의 등장으로 인해 감성품질의 기준에 소프트웨어적인 요소까지 추가되고 있다. 특히 빅데이터, 인공지능 등을 활용한 자동차와의 소통이 얼마나 원활하고 풍부하게 이루어지는가에 따라 사용자의 만족감 역시 크게 달라진다.

메이커의 입장에선 이러한 급격한 변화가 당혹스럽지만 이 역시 반드시 넘어야 할 산임에는 분명하다. 현대기아차 역시 이러한 시대의 변화에 부응하여 IT기술력을 도입했지만 초기엔 그저 어설픈 흉내만 내는 꼴이었다.

블루투스 음성으로 라디오를 조작하는 음성인식 기능만하더라도 적용 초창기엔 고객의 입장에선 불만이 컸다. 표준어만 인식이 가능하게 해두니 경상도나 전라도 등 사투리를 쓰는 고객들의 말을 잘 인식하지 못했다.

우리나라도 이럴 진데, 세계 3위의 넓은 땅덩어리를 가진 미국에서는 오죽하겠는가. 다양한 인종이 억양이나 강세 등이 다 제각각인 영어를 구사하니 음성을 제대로 인식하지 못해 무늬만 인공지능인 꼴이 돼버렸다.

음성인식 기능에 대한 기대감을 가지고 차를 구매했던 고객은 그것을 '불량'이라고 지적했다. 고객의 입장에선 기능을 구현하는 기술력이 완벽하지 못한 것도 불량이기 때문이다. 하지만 기술을 개발한 연구소의 입장은 고객의 입장과 차이가 있었다.

"그건 고객의 잘못입니다. 그들이 표준어로 정확하게 언어를 구사하면 라디오는 분명 작동을 합니다."

지역마다 차이가 나는 수많은 억양과 발음, 강세 등을 인공지능에 인식시키는 것은 기술적인 한계도 뚜렷하지만 비용면에서도 차이가 컸다. 그러니 고객이 표준어를 익혀 자동차의 인공지능을 활용하는 것이 훨씬 더 간단하고 합리적이란 것이다. 생산자의 입장을 배려해 소비자가 불편을 감수하라니, 이 얼마나 오만한 생각인가!

"그럼 표준어 구사가 힘든 사람은 우리 차를 사지 말라는 말인가요?"

똑같은 결과물을 두고 누군가는 만족할 수도, 또 누군가는 불만을 제기할 수도 있다. 음성인식의 경우도 표준어를 잘 구사하는 고객의 입장에선 아주 만족스런 기능이 아닐 수 없다. 신 부회장은 이런 개개인의 차이를 '감성품질'로 받아들여 개선해야함을 설파하며 직원들의 인식의 전환을 이끌었다.

물론 이것은 신 부회장 개인의 주장이 아닌, 미국이라는 거대한 세계 시장의 요구임을 어필했다. 즉 IQS를 비롯해 공신력 있는 대외기관의 평가 툴을 적용하여 하나하나 해결하고 개선해 나갔다.

한편, 이전에는 하드웨어적인 요소로 받아들여졌던 영역에도 IT 기술력이 결합해 소프트웨어적인 만족까지 추구하고 있다. 자동차의 시트만 하더라도 이전에는 단순히 디자인이나 쿠션감, 재질 등에만 신경을 썼다. 이런 탓에 체중이나 신장이 표준에서 크게 벗어난 사람은 시트가 너무 끼거나 커서 불편할 수밖에 없었다.

그저 내 몸이 문제이겠거니 하며 받아들여야만 했던 불편함이 인공지능의 도입으로 인해 사용자의 체형에 따른 맞춤형 시트로 진화했다. 실제 고급차의 경우, 차에 승차하면 내 신장과 몸무게 그리고 체형을 고려해서 시트가 내 몸을 편안하게 감싸준다.

상상조차 할 수 없었던 것들을 가능하게 하는 것은 단지 기술력만이 아니다. 고객의 니즈를 적극적으로 반영하여 기술을 개발하고 리드하려는 메이커의 강력한 의지가 상상을 현실로 만들어 낸다.

더 이상 시장은 세일러 마켓이 아니다. 파는 사람의 입맛에 맞춘 제품으로는 고객의 지갑을 열 수 없다. 공급과 수요가 역전되는 그 순간부터 시장은 바이어 마켓으로 변했다. 아니, 애초부터 시장은 바이어의 마켓이었다. 단지 기업이 그것을 인정하지 않고 있었던 것뿐이다.

뻣뻣한 고자세를 고집하는 세일러는 결코 시장에서 살아남을 수 없다. 생존을 바란다면 기술의 진보와 고객 니즈의 진화에 능동적으로 대응하는 유연성을 갖춰야 한다. 시장에서 살아남기 위해서는 고객이 원하는 대로 제품을 만들어줘야 한다. 힘들다, 불가능하다가 아닌 무조건 가능하도록 해주어야지만 진정한 글로벌 탑이 될 수 있다.

친환경차로
나만의 마켓을 구축하라

'勝可爲也(승가위야)'

중국의 유명한 병법가인 손자는 "승리란 만들어 내는 것이다."라고 했다. 비록 적의 수가 많고 세력이 강해도 분명 살펴보면 내가 더 우위인 곳이 있다. 그곳을 집중해서 공격해 들어간다면 이기지 못하란 법도 없다.

기업이 쟁쟁한 실력을 갖춘 경쟁 메이커들을 틈에서 살아남고 이기는 방법 역시 이와 다르지 않다. 무작정 돌진하는 것보다는 나의 강점을 백분 활용할 수 있는 주된 포인트를 찾아 집중 공략해야 한다. 그래야지만 이길 수 있다.

자동차 시장처럼 경쟁이 치열한 레드오션에서 살아남는 길은 품질과 서비스, 가격 등 모든 영역에서 최고의 매력을 갖춰 고객에게 선택을 받는 것이다. 하지만 그것이 말처럼 그리 쉬운 일이던가. 시장은 이미 수많은 기업들이 뛰어들어 피 흘리는 경쟁을 하고 있는데다 나 역시 죽을힘을 다해 달리고 있는데 '더!'를 외친다고 해서 순식간에 나의 파이가 커지긴 힘들다.

레드오션에서 나의 파이를 키우기 위한 전략 중 하나가 바로 레드오션 속 블루오션, 즉 퍼플오션을 찾는 것이다. 자동차 시장이라는 거대한 레드오션을 자세히 들여다보면 그나마 경쟁이 덜 치열한, 혹은 아직 그 누구도 점령하지 못한 틈새는 남아있기 마련이다. 특히 자동차처럼 기술력이 성패를 좌우하는 주요 요소인 시장은 남들이 갖지 못한 기술력 또는 남들보다 앞선 기술력만 갖췄다면 퍼플오션의 개척은 충분히 승산이 있는 전략이다.

고객은 늘 'Best'를 원한다. 하지만 'Best'이면서 'Different'하고, 나아가 'New'한 것이 있다면 망설임 없이 그것을 선택할 것이다. 현대기아차 역시 다른 메이커들이 따라잡지 못할 만한 우수한 기술력을 갖춘 부문들이 분명 있다. 이런 부문들을 강점으로 잘 개발한다면 나만의 특화된 마켓을 구축하는 것은 그리 어렵지 않을 것이다.

현대차그룹, 글로벌 수소차 시장을 리드하다

—

미국이라는 세계 최대의 자동차 시장에 이어 최근 10여년 사이 중국을 중심으로 브라질, 러시아, 인도 등의 브릭스(BRICs)시장이 글로벌 주요 신흥시장으로 성장하고 있다. 경제성장을 바탕으로 자동차 내수시장이 커지고 있기 때문인데, 자동차 시장의 규모가 커지고 있는 것은 자동차 메이커들에게 반가운 일이 아닐 수 없다. 더군다나 현대기아차의 경우 브릭스시장에서 탑3를 유지하며 꾸준히 판매량을 늘리고 있기에 강력한 성장 동력이 될 것을 기대하고 있다.

시장의 규모를 넓히는 것 못지않게 중요한 것이 나만의 시장을 구축하는 일이다. 시장은 주인이 따로 없는 만큼 경쟁 메이커들의 추월에서 결코 자유로울 수 없다. 또한 중국시장의 경우처럼 정치 등의 외부적인 문제로 판매량이 급감하는 위험요소도 늘 도사리고 있다. 갈수록 치열해지는 경쟁 그리고 외부적인 요인에 따른 리스크에서 그나마 자유롭기 위해서는 그 누구도 넘볼 수 없는 나만의 시장을 만들 필요가 있다. 나만의 강점을 살려 특정 부문에서의 차별화된 입지를 구축하는 것이다.

대표적인 것 중 하나로 수소차를 비롯한 친환경차를 들 수 있다. 현대자동차그룹은 수소차의 핵심 부품을 생산할 수 있는 공장 구축을 비롯해 2013년에는 세계 최초로 양산형 수소차를 출시해 글로벌 수소차 시장을 리드하고 있다.

그 외에도 현대기아차는 글로벌 자동차 메이커로는 드물게 하이브리드, 플러그인 하이브리드, 순수 전기차, 수소전기차 등 모든 종류의 친환경 차를 양산하고 있다. 게다가 현재 4개 타입, 13가지인 친환경차의 차종을 3배로 늘이는 등 2025년까지 친환경차의 종류를 38종으로 늘려 세계 친환경차 시장 2위를 향한 계획을 추진 중이다. 친환경차 시장이 전 세계적으로 규모가 늘고 있는데다 자원과 환경에 대한 최고의 대안이 되는 시장인 만큼 기술 리더십을 확보하고 유연하게 대응해 나간다는 전략이다.

지속가능한 발전, 친환경차로 리드한다

—

발전은 파괴를 등에 맨 양날의 검과 같아서 앞날을 생각하지 않고 막무가내로 휘두르다가는 낭패를 보기 십상이다. 산업과 과학기술의 발달은 물질적 풍요와 생활의 편의를 증진시켜주는 등 우리의 삶에 많은 긍정적인 영향을 끼쳤다. 하지만 그에 따른 반대급부로 발생되는 환경파괴, 자원고갈 등의 문제가 점점 그 심각성을 드러내고 있는 만큼, 지속가능한 발전에 대한 연구개발은 피할 수 없는 과제가 됐다.

화석연료 고갈과 환경오염에 적지 않은 영향을 끼치는 자동차산업분야 역시 기업의 사회적 책임과 시장의 요구에 적극 부응하는 추세이다. 유럽이나 미국을 비롯한 선진 국가에서의 환경규제가 점점 더 까다로워지고 있는데다, 의식 있는 소비자들의 적극적인 동참으로 환경차의 판매량이 해마다 눈에 띄게 상승하면서 자동차 업체의 경쟁 또한 치열해지고 있다.

2009년, 세계 최초로 LPI 하이브리드 모델을 출시하며 환경차 시장에 본격적으로 진출한 현대기아차는 뛰어난 기술력을 바탕으로 하이브리드차, 전기차, 수소전기차 등 다양한 환경차를 적극적으로 연구개발해 내고 있다.

현대기아차의 환경차는 국내는 물론이고 세계시장에서도 품질과 기술력을 인정받아 판매 또한 빠른 성장세를 보이고 있다. 2015년 세계 4위에서 2017년 상반기에는 혼다를 제치고 2위를 차지했다. 이는 '2020년까지 글로벌 환경차 2위로 도약'한다던 당초 목표를 무려 3년이나 앞당겨 달성한 것이었다.

현대기아차의 환경차는 빠른 속도로 세계 2위의 자리에 오른 만큼, 글로벌 탑의 달성은 물론 환경차의 시장 규모 또한 더욱 확대될 것이 기대된다. 물론 이를 위해서는 기술품질이나 감성품질 등 다양한 부문에서 더 개선하고 보완해야 할 과제들이 남아 있다.

환경차는 기존의 가솔린, 디젤차에서는 경험하지 못한 또 다른 품질문제를 파생시켰다. 그 중 하나가 숨어 있던 소음의 등장이다. 하이브리드의 전기차 모드는 가솔린, 디젤 엔진의 소음과 같은 엔진 소음이 전혀 없다. 이에 따라 내연기관의 엔진 소음에 묻혀 미처 인지되지 않았던 소리들이 소비자에게 민감하게 와 닿을 수 있다. 때문에 소음 유발 가능성이 있는 내·외장 부품의 일관성 및 체결력에 대한 관리기준이 일반 가솔린차보다 더 엄격하게 수립되고 관리되어져야 할 것이다.

또한 환경차의 고전력 배터리, 케이블 부위 수밀 문제는 고객들에게 불안감을 유발할 위험이 있다. 때문에 고전력계 환경차 전용부품이 위치한 엔진룸, 트렁크 내부로 수밀 유입 가능성을 제로화 해야 할 필요가 있다.

그 외에도, 환경차는 기계 산업에서 전자, 화학 부문이 융합된 새로운 영역에 대한 전문 인력과 역량의 확보도 필수적이다. 또한 기존의 기계 중심의 생각과 태도를 트렌드에 맞게끔 변화시켜야 하는 숙제도 안고 있다.

한편, 환경차의 높은 가격 또한 소비자의 선택에 있어 큰 걸림돌이 되고 있기에 여기에 대한 근본적인 해결책도 필요하다. 현재 시행되고 있는 환경차에 대한 정부의 지원금 정책이 얼마나 오래 지속될지 알 수 없는 일이기에 제조원가를 낮출 수 있는 방법을 조속히 강구해야 한다. 특히 환경차 재료비 절감을 위해 고가의 희토류를 대체하는 기술 개발은 필수적으로 해결해야 할 과제이다.

더불어 정부의 지원 정책을 선제적으로 파악하고, 이를 바탕으로 초기에 투자비를 회수하는 등 수익을 위한 연착륙 방향을 설정해야 할 필요가 있다. 그 외에도 환경차 시장의 성장에 대비한 환경차 특화 정비망 구축, 정비사를 위한 교육 등 인프라를 갖추는 것 또한 서둘러야 할 당면과제이다.

이처럼 고객감동을 전해주는 최고의 환경차를 생산해내기 위해선 당장 해결해야 할 과제들이 산재해 있다. 그럼에도 불구하고 현재 세계 환경차 시장에서 현대기아차가 기술적인 부분을 리드하고 선점하고 있는 만큼 이런 강점을 잘 살려나간다면 분명 나만의 특화된 시장을 구축할 수 있을 것이라 믿는다.

고급차로
고수익시장을 노려라

최근 몇 년간 친환경차와 더불어 자동차업계의 최대 성장 동력으로 주목받는 것이 고급차 시장이다. 고급차는 각 메이커의 브랜드 이미지를 높여주는 것은 물론이고, 마진 또한 높아 수익성 측면에서도 큰 도움이 된다.

현대차그룹 역시 글로벌 고급차 시장에서의 탄탄한 자리매김을 위해 고급차 라인업을 강화하고, 우수한 품질의 차별화된 상품 개발에 힘을 쏟고 있다. 특히 현대차의 고급차 브랜드인 제네시스의 경우, 별도의 전용 생산라인을 갖추었을 만큼 현대의 고급차 라인으로 이미지를 구축해 나가고 있다.

물론 제네시스가 자타가 공인하는, 독립된 고급차 브랜드로서의 정체성을 확립하기 위해서는 해결해야 할 과제들이 많다. 세계 고급차 시장의 수준에 걸맞은 신기술 도입이나 고급 소재 등의 적용도 필수적이다. 그리고 별도의 공장을 마련해 생산라인을 갖춤으로써 제조품질에 완벽을 기할 필요도 있다.

신기술과 고급 자재를 통한 품질의 차별화, 제조품질의 완벽함 외에도 현대기아차가 고급차 시장에서 우위를 점령하기 위한 또 다른 도전 과제가 있다. 현재 현대차 고급차의 가장 큰 도전은 제네시스 SUV 차량의 성공 여부이다. 세단의 경우 그동안 축척된 노하우를 통해 시장에서 어느 정도는 인정을 받고 있다. 하지만 제네시스 SUV 차량은 한 번도 가보지 않은 길을 새롭게 도전하는 것이기에 기술력과 품질확보에 만전을 기해야 한다.

현재 SUV는 차량 판매를 견인하고 있는 만큼 큰 바디, 오프로드 환경을 극복할 수 있는 개발이 중요하다. 부품 구조를 단순화하고 체결개소 축소, 경량소재 적용 등 연비 경쟁력 확보를 위한 중량절감도 달성해야 하는 숙제임에 틀림없다.

고급차, 작업자의 마인드부터 고급스러워야 한다

—

제네시스를 비롯한 현대차그룹의 고급차가 단순히 값 비싼 차나 고급스런 이미지의 차가 아닌 명실상부한 '고급차'로 자리매김하기 위해서는 '제조품질'의 확보는 반드시 갖춰져야 할 부분이다. 차를 만지는 손끝에 '한 땀 한 땀'이라는 장인정신이 깃들지 않고서는 고객의 고개를 끄덕이게 할 수 없다.

현재 제네시스 브랜드가 어느 정도 성공적이었다는 평가를 받고 있지만, BMW 등 경쟁 메이커의 고급차와 비교할 때 실내에 내세울 만한 특장점이 없는 것은 사실이다. 대중차와 달리 고급차는 차체는 물론이고 내장인테리어 역시 고급감성을 어필하는 품질차별화가 필수적이다. 고급차 승차자들은 차의 기능과 관련된 기본성능, 즉 주행성능, 제동, 안전에 대한 만족감은 당연한 니즈이며, 그 외에도 사소한 소음이나 오감을 만족하는 품질을 만족시켜주길 기대한다. 이를 위해서는 끝마무리 품질이 아주 중요하다. 때문에 재질감, 타 부품과의 조화, 움직이는 부품의 특유 음색까지 반영되는 등 장인이 수작업으로 마무리한 느낌의 디테일함을 고객에게 체험시켜야만 한다.

특히 저가 이미지 극복을 위해 경쟁사의 고급차 내장재 벤치마킹에만 국한하지 말고 의류, 액세서리 업체 등 다양한 경로를 통해 내장재에 고급감을 부여할 수 있는 소재를 발굴하고 적용하여야 한다. 이를 위해선 고급차를 타는 사람의 생활패턴을 지속적으로 분석하여 차량에 담아낼 필요가 있다.

2016년, 필자가 현대자동차 기획실에서 근무하고 있을 때, 고급차 생산라인 작업자들의 작업 태도를 향상시키기 위해 고급차를 타는 사람의 생활을 직접 체험해보는 사업을 진행한 적이 있다. 차수별로 진행된 이 사업에는 총 1000여 명에 달하는 고급차 생산라인 작업자들이 참여했다.

서울의 최고급 호텔에서의 숙박은 물론이고, 한 끼 식사로 1인당 10만 원이 넘는 고급 스테이크도 경험하게 했다. 또한 상류층의 다양한 문화체험을 비롯해 참여자 모두에게 활동비를 주며 품위유지를 위한 고급 소비도 즐겨보게 했다. 우리가 만드는 차를 타는 고객들이 어떤 생활을 하는지를 알면 그 차를 만드는 사람들의 마인드가 달라지지 않을까 하는 기대에서다.

뿐만 아니다. 현장의 작업환경도 획기적으로 개선하고, 심지어 화장실조차 고급호텔 수준으로 리모델링 해줬다. 그런데 이런 다양한 노력들에도 불구하고 정작 현장에서의 작업태도는 크게 개선된 점이 없었다. 처음 얼마간은 노력하는 듯 보였지만 시간이 지나면서 이전처럼 느슨해져 갔다. 그도 그럴 것이, 현재 현대기아차의 고급차 생산라인은 일반 대중차 라인과 동일한 라인을 사용하며, 작업자들 역시 고급차와 중저가차를 모두 만들고 있다.

고급차는 생산대수가 많은 대중차와 비교할 때 특근수당 등 현장 근로자들의 수익이 상대적으로 낮다. 이런 이유로 근로자들 중 고급차 제조를 전담하려는 직원이 적고, 노조에서도 별도의 공장을 짓는 것에 대해 강경하게 반대를 하고 있다. 이미 경쟁사는 고급차 공장을 분리한 데다, 현대기아차 스스로도 필요를 절감하고 있지만 이런 이유로 선뜻 실행에 옮기질 못하고 있다. 이 부분 역시 소통을 통해 반드시 해결해야 할 문제이다.

이미 현대차의 협력사들은 고급차 프리미엄 라인이라고 해서 제네시스를 만드는 부품을 별도의 라인에서 만들고 있다. 그런데 정작 본사에서 조립이 별도로 구분이 안 되니 제조품질의 완벽을 기하는 것이 기대만큼 만족스럽지 못한 것이다.

별도의 독립된 공장을 마련해 생산라인을 갖추는 것 외에도 제네시스가 고급차로 인정받기 위해서는 전시장 등 판매망의 독립도 필요하다. 고급차 판매를 위한 전용매장을 따로 두고 있는 경쟁메이커들과는 달리 제네시스 브랜드는 전용 판매망 없이 일반 브랜드 지점에서 함께 차를 판매하고 있다. 명품을 명품관이 아닌 일반 매장에서 판매하면 고객은 그것이 명품인지 아닌지 헷갈릴 수밖에 없다. 현대차는 고급차 판매 확대를 위해 중장기적으로 고급차 전용 쇼룸, 전담 응대 직원 등 차별화된 프리미엄 서비스의 도입을 신속히 시행해야 한다.

한편, 신기술이 부족하다는 자동차 전문 잡지의 평가는 제네시스 프리미엄 브랜드가 나아갈 방향을 이야기 해준다. 고급차는 판매가격이 비싼 만큼 고객 판매 소구점으로 신기술 및 신사양 적용을 일반차보다 많이 한다. 그러다 보니 새롭게 적용한 신기술에서 품질문제의 발생빈도가 높아 제값을 못한다는 이야기를 들을 위험이 있다. 게다가 고급차 수요층은 소셜미디어 활용과 같이 핫한 전파는 없지만 사회의 오피니언 리더로서 여론을 형성하는 사람인만큼 품질 실패 시 브랜드 이미지에 치명적이다. 때문에 신기술 적용에 있어서도 충분한 검증이 수반되어야 한다.

노사품질,
이해와 존중이 우선이다

언젠가 한번은 현대자동차 작업복을 입고 시내의 음식점에 들어가다 저지를 당한 적이 있다. 높은 성과금을 요구하며 파업을 무기로 다른 경제공동체의 희생을 강요하는 현대자동차의 직원에게는 밥을 팔지 않겠다는 것이다. 주인장의 강경한 태도에 불쾌함보다는 안타까움이 밀려왔다.

전문가들은 현대자동차 성장의 발목을 잡는 주요인 중 하나로 불안정한 노사관계를 꼽는다. 현대자동차 노조는 지난 31년간 단 4차례를 제외하곤 매년 파업을 펼쳐왔고, 누적 매출 손실액만도 20조 원에 달할 정도이다. 상황이 이러하니 '누구를 위한 파업인가?'라는 비판의 목소리가 거세지며 지역 상인들조차 현대자동차 직원을 달갑지 않게 여기는 것이다.

노동조합의 존재이유는 무엇일까? 노동조합은 이익 단체의 하나로 노동자의 복지 등 여러 권익을 보호하는 역할을 한다. 하지만 기업은 다양한 이해관계자가 존재한다. 주주 및 부품업체, 소비자, 금융권 등 여러 이해관계자들 중 노동조합의 역할만 강화된다면 다른 이해관계자가 손해를 볼 수밖에 없다. 즉, 노동조합이 시장이 정한 이상의 보상을 요구할 경우 이해관계자들 사이에 균형이 무너져 결국 다양한 경제주체들이 손해를 보게 된다.

임금인상만 해도 그렇다. 임금이 과하게 인상되면 제품가 인상으로 소비자가 피해를 볼 수 있다. 경쟁사와의 가격 비교 우위를 위해 제품가 인상을 하지 못할 경우 부품가 인하, 연구비 축소 등으로 부품회사나 미래 성장력 확보에서 피해를 볼 수밖에 없다.

시장이 정한 보상과 배분을 놓고 매년 현대자동차의 노조는 파업을 무기로 협상을 진행한다. 수많은 관리자와 조직이 협상 준비를 위해 실제 품질 좋은 차를 만드는 시간을 뺏기고 있다. 그 결과 모두가 다 같이 늪에 빠지고 만다. 생산이 멈추거나 더뎌지니 판매가 원활하지 못하게 되고, 품질수준 또한 떨어져서 대외적인 이미지까지 나빠진다. 이 역시 판매량 하락에 치명적으로 작용한다.

더 큰 문제는 따로 있다. 이런 실패를 경험하고서도 개선의 여지 없이 매년 같은 상황이 반복된다는 점이다. 오죽하면 협력사 사장님 중 한 분은 "북한의 핵미사일보다 현대자동차 파업이 더 무섭다."고 했을 정도이다. 파업으로 인한 손실과 경영상의 애로를 단적으로 표현한 말이 아닌가 한다.

현대자동차 울산공장은 '노조 경쟁력이 미래다'라고 구호로 외치지만 매년 정례화된 파업을 당연시 받아들이는 현장의 정서가 고착화된 느낌이다. 파업에 따른 손실, 이미지 실추 등을 고려하기보다 자신들의 이익을 관철시키기 위해 파업을 연례행사처럼 하고 있는 것이다. 파업을 감안하여 생산관리 계획을 수립하고 지역에서 가장 사랑받아야 할 기업이 원성과 비토의 대상이 되어 가는 현실에 안타까움을 금할 수 없다.

성숙한 화합만이 미래를 밝힌다

—

글로벌 컨설팅 회사인 올리버와이먼의 '하버 리포트' 발표에 따르면, 현대차 울산공장은 차량 한 대를 생산하는데 26.8시간(2014년 6월 발표)이 걸린다고 한다. 이는 14.7시간인 미국의 2배에 육박하는 시간이고, 러시아 16.2시간, 중국 17.7시간보다도 훨씬 더 많은 시간이다. 결국 한국의 현대자동차에서 하루 동안 생산되는 차량은 미국의 절반에 불과한 셈이다.

이렇듯 다양한 통계에서 현대자동차 울산공장의 생산성이 해외 여느 공장보다 하위로 평가되는 건 사실이다. 다양한 변수를 고려해야 하겠지만 노동조합이 인정해야 할 수치임엔 틀림없다.

물론 노동조합의 순기능도 분명하게 인정한다. 노동조합이 있으므로 해고가 쉽게 이뤄지지 않기 때문에 직원들은 회사 생활에 대해 심리적으로 안정감을 갖는다. 이런 심리적 안정감을 바탕으로 업무에 좀 더 집중하여 생산성을 높일 수 있고, 품질에 만전을 기할 수도 있다. 또한 회사가 정한 규정을 바탕으로 업무를 좀 더 창의적이고 혁신적으로 도전하여, 실패를 하더라도 해고의 굴레를 벗어날 수 있어 역동적인 업무 시도가 가능해진다.

이렇듯 정의롭고 아름다운 노동조합의 순기능에도 불구하고 실상은 우리의 바람과는 다소 거리가 있다. 혁신적이고 창의적인 업무 수행보다 기득권 지키기, 좀 더 편한 업무만 시도하려다 보니 전체 하향화된 문화가 자리 잡아 버렸다. 회사가 망해야 노동조합이 망한다고 할 정도로 대립각을 세우고 노와 사는 서로를 핑계 삼아 밥그릇 싸움만 한다.

이처럼 30년 동안 이어져 온 현대자동차만의 고약한 노사문화의 고리를 끊고, 원래의 좋은 취지대로 노의 권익을 지키되 사와 화합하는 문화로 바꾸려면 어떻게 해야 할까? 새롭게 써나가야 할 향후 30년은 어떻게 대비하고 준비해야 할까? 깊은 고민과 함께 내 나름의 대안을 정리해보았다.

그 첫 번째가 바로 기준과 원칙의 준수이다.

"현대자동차는 절대 망하지 않는다. 회사를 대표하는 회장이나 사장 그리고 임원들은 바뀔망정 조합원은 절대 잘리지 않는다. 쌍용자동차를 보자. 인원이 5천명도 채 안될 때 부도로 가기 전에 국회의원이나 정치, 정부에서 협력사와 지역 경제에 미치는 영향을 고려해서 지원책을 쏟아내지 않았나. 하물며 대한민국의 상징과도 같은 현대차를 죽이겠는가? 그건 정권에 대한 부담인 동시에 표를 의식하는 정치인의 목숨과도 같은 거라 어려울 거다. 가장 자유시장 매커니즘이 잘 작동하는 미국마저 GM이 어려울 때 정부에서 막대한 돈을 들여 살리지 않았는가?"

언젠가 현장 근로자들과 이야기를 나누던 중 누군가 한 말이다. 만약 이런 생각이 내부 직원들에게 팽배하다면 정말 위험한 수위가 아닐 수 없다. 제품이 안 팔리고 수익이 감소하면 회사는 파산하고 그 구성원들 역시 일자리를 잃게 되는 것이 피할 수 없는 운명이다. 하지만 정부와 정치인 그리고 채권자들 등 많은 이해 당사자들이 잘못된 시그널로 기업을 존속시키다 보니 현대자동차는 어떤 경우라도 없어지지 않을 기업이라 착각하게 되어 버렸다.

IMF시절 만 명이 넘는 동료들이 회사를 떠난 기억을 가지고 있지만 지금은 더 강력해진 노동조합의 힘으로 볼 때 비노조원인 관리자 정도가 정리될 거라 생각한다. 회사 역시 파업 도중에 불법을 유발한 많은 사람을 타결이라는 대의 앞에서 손배소 취하 등 책임을 묻지 않고 매번 넘어가다 보니 원칙이 스스로 주저 않은 모양새가 됐다.

물론 노사문제는 다양한 변수들로 인해 원칙대로 하기가 어려운 경우가 많다. 그럼에도 원칙은 지켜져야 한다. 상벌에 대한 원칙만 세워둔 채 제대로 지키지 않는다면 아무도 상을 받으려 노력하지 않고 벌을 두려워하지도 않을 것이다.

두 번째는 단체교섭 주기의 변화를 고려해야 한다. 현재 임금협상은 매년, 복지를 포함한 단체교섭은 2년마다 시행하다 보니 연중 협상과 협상 결렬 시 파업의 연결고리가 발생한다. 임금협상은 물가 상승률이나 실적을 감안해서 매년 한다손 치더라도 단체협상은 독일의 3~10년, 미국의 4년, 일본의 3년을 벤치마킹 해볼 필요가 있다.

파업을 위한 노조의 찬반 역시 독일이 전체 조합의원 75% 이상, 미국은 전체 조합원의 3분의 2 이상인 반면 현대차는 과반 이상이 찬성하면 파업을 결의할 수 있는 점 역시 이해관계자들이 사회적 고민을 해볼 필요가 있다. 파업의 단체 행동은 노동조합이 취할 수 있는 가장 큰 무기임에도 좀 더 깐깐한 고려의 대상이 없는 부문이 아쉽다. 이를 위해서는 물론 노와 사가 대승적인 결단이 이뤄져야 함은 분명하다.

한편, 회사 역시 좀 더 정확한 정보를 제공하여 내부 인원에 대한 신뢰를 얻어야 한다. 30년 동안 투쟁의 역사가 반복된 것은 어느 한 쪽의 잘못이라고 할 수 없다. 나 역시 회사 입사 이후 임금협상 기간 중 회사의 경영사정이 어렵다는 각종 자료만 봤을 뿐이다. 실적이 좋든지 악화되든지, 어려워지고 있다는 지표만을 제공되어 의례 '그렇구나'라는 무감각에 놓이게 되었다.

언젠가 한 신입사원이 내게 고민을 토로해왔다. '현대고시'라 불리는 어려운 관문을 뚫고 공대생들이 선망하는 현대자동차에 합격을 했지만 막상 입사를 해보니 회사의 존폐를 걱정해야 할 상황이라 공무원시험을 틈틈이 준비하고 있다는 것이다. 그는 "입사 이후 줄곧 메이저 시장인 중국과 미국에서의 판매 감소, 환경차 부문의 열세, 자율주행 부문 등 미래 경쟁력 약화, 노조 문제 등 미래를 불안하게 하는 회사 소식지만 접하다 보니 인생에서 가장 열심히 일할 40~50대 과연 현대차가 존재할지 의문이 든다."고 했다.

회사의 성장 가능성이나 비전의 제시보다 판매나 영업이익률 감소 등 부정적인 지표들만 보여주니 직원 스스로 침몰하는 배에 올라탄 패배자가 된 기분이 든 것이다. 회사의 입장에선 업무를 좀 더 효율적으로 당차게 하자는 의도였을 테지만 부정적인 지표들만 너무 앞세운 탓에 생각지도 못한 부작용을 초래한 것이다.

마지막으로 노사관계에 있어 쌍방이 주인의식을 가져야 한다. 노동조합은 회사가 존재하는 한 없어서는 안 될 건전한 감시자이고 파트너이다. 이런 막중한 임무를 맡고 있는 만큼 노동조합은 각 계파의 이해관계보다 조합원의 이익과 대기업 노동조합으로서 사회적인 책임을 인식해야만 한다. 다시 말해 소명의식을 바탕으로 한 주인의식 없이는 서로 일방적인 주장만 있을 뿐 건설적인 협의가 이루어질 수 없다.

자기 밥그릇만 챙기다 보면 현대차 울산공장이 17년 10월을 끝으로 자동차 생산을 중단한 GM홀덴 호주공장처럼 되지 말란 법은 없다. GM 본사는 한국GM에 신차배분을 위해 고임금, 저생산 구조 개혁을 지속적으로 요구했다. 만약에 현대차 본사가 신차를 각 해외 현대차 공장과 더불어 울산공장 간에 경쟁을 통해 수주 시키게 한다면 현대차 울산공장이 과연 경쟁력이 있을지 의문이 든다. 현대자동차는 도요타, 폭스바겐 등 타 경쟁사와 경쟁을 해야 하지만 울산공장을 놓고 본다면 현대차의 중국, 미국, 러시아 등 다른 공장과 경쟁에서 살아남는 것이 우선이 아닐까 한다.

필자는 회사에서 IMF시기를 경험하지 못했다. 하지만 선배들이 자주 하는 이야기 중 하나가 '현대차 구성원인 노와 사가 하나로 뭉치고, 국민이 도와줘서 IMF시절을 슬기롭게 졸업했다'는 것이다. 다시 협력과 파트너십 등 성숙된 모습을 통해 현대차가 국민에게 인정받는 기업으로 거듭 나길 간절히 희망한다.

저력은 이미 우리 안에 있다. 단지 그것이 하나로 뭉치지 못해 능력을 십분 발휘하지 못할 뿐이다. 서로 화합을 통해 그 힘을 잘 이끌어내고 활용해 위기의 극복은 물론이고 명실상부한 글로벌 탑 브랜드로 당당히 자리매김 하길 기대한다

에필로그
–
또 한 번의 기적을 기대하며

내 집보다 내 차를 먼저 장만하는 시대가 됐다. 불과 50년 전만 해도 생각지도 못한, 그야말로 혁신적인 라이프 스타일의 변화이다. 이런 변화는 자동차 메이커의 입장에선 반가운 일이 아닐 수 없다. 시장의 규모가 커진 만큼 고객의 마음에 쏙 드는 좋은 차를 만들어내면 판매량 상승은 따 놓은 당상이니 말이다.

아주 단순한 공식이지만 사실 이것이 현실에서 구현되기란 생각처럼 쉽지가 않다. 무엇보다 고객의 마음을 훔칠 '좋은 차'에 대한 정의가 끊임없이 변화되고 진화되기 때문이다. 덕분에 10년 전에 최고의 명성을 자랑하던 차가 오늘날엔 최악의 차로 전락할 수도 있다. 모두가 고객과 시장의 니즈에 초점을 맞춰 전력을 다해 달려가는데 혼자 왕관만 어루만지며 과거의 영광에 머물러 있다면 추락을 피할 수 없다.

현대자동차는 과거 국민들의 애국심까지 더해지면서 높은 내수시장 점유율을 기록했다. 이는 품질에 관계없이 다른 자동차를 구입할 수 있는 대안이 없어 현대자동차를 선택한 영향도 있었다. 이런 내막을 아는지 모르는지 한때 현대자동차는 만들면 팔린다는 성공공식에 도취돼 있었다.

영광도 잠시, 수입차 공세와 타 경쟁사의 고객에 어필하는 다양한 모델 출시로 내수점유율이 낮아졌고, 만들면 팔린다는 성공공식도 붕괴돼 치명적인 위기에 봉착했다. GM이 70년간 세계 1위를 유지한 자만심으로 시장변화에 둔감한 내부지향적인 문화를 고집하고, 비대한 조직 간 이기주의로 인해 위기에 봉착한 것 역시 품질과 시장의 변화를 제대로 제품에 담지 못한 이유에서다.

그렇다면 이토록 변화무쌍한 고객의 마음과 시장의 변화에 능동적으로 대응하며, '좋은 차'를 만들기 위해 필요한 것이 무엇일까? 가장 중요한 것은 차를 만드는 사람의 변화이다. 현대자동차가 미국 시장 진출 초기의 '나쁜 차', '일회용 차'라는 오명을 벗고 글로벌 브랜드로 성장할 수 있었던 것은 품질의 영역을 기술품질뿐만 아니라 감성품질의 영역으로 확장하고, 그에 따른 기술력을 높인 덕분이다. 그런데 기술을 개발하고 리드하는 것은 다름 아닌 사람이다. 사람이 생각을 바꾸고 태도를 바꿔, 해보자고 노력하니 결국 길이 열린 것이다.

"자신의 직위나 업무영역에만 갇히면 결코 전체를 볼 수 없습니다. 내가 어디에서 무엇을 하건 회사를 경영한다는 생각으로 일을 해야 합니다. 품질 또한 내가 리더가 되어 회사를 이끌어간다는 태도로 능동적이고 적극적으로 개척하고 리드해 나가야 합니다. 그래야지만 현대기아차가 진정한 탑이 될 수 있습니다."

현대자동차 품질혁명의 중심에 있었던 신종운 부회장은 실제 말단 사원 시절부터 자신이 회사의 주인이라는 마음으로 필요한 것을 찾고, 적극적으로 만들어나갔다. 그는 후배들에게 '내'가 아닌 '우리'가

되고, 수동적인 '부품'이 아닌 능동적인 '주인'이 되라고 조언한다. 그래야지만 올바른 방향을 찾고 열정적으로 나아갈 수 있기 때문이다.

이 책은 신종운 전 부회장을 중심으로 스토리가 펼쳐지지만 결코 특정 개인의 이야기가 아니다. 그 앞에서, 혹은 그 뒤를 이어서 묵묵히 길을 만들고 뚝심 있게 걸어가고 있는 수많은 현대기아차의 '주인'들에 대한 이야기이다. 필자 역시 그 주인 중 한 사람이기에 가감 없이 현실을 전하고, 그에 대한 필자 나름의 쓴 소리도 담았다.

부디 깊은 염려와 애정이 현대기아차의 모든 주인들의 가슴을 울려 세계 시장에서 또 한 번 놀라운 기적을 이뤄내기를 소망해본다.